数字普惠金融助力乡村振兴的实现机制研究

张瑞琛　著

中国财经出版传媒集团
中国财政经济出版社

图书在版编目（CIP）数据

数字普惠金融助力乡村振兴的实现机制研究 / 张瑞琛著. -- 北京：中国财政经济出版社，2023. 2

ISBN 978 -7 -5223 -1852 -3

Ⅰ. ①数… Ⅱ. ①张… Ⅲ. ①数字技术－应用－金融业－作用－农村－社会主义建设－研究－中国 Ⅳ. ①F832. 1 -39 ②F320. 3

中国国家版本馆 CIP 数据核字（2023）第 014335 号

责任编辑：彭　波　　　　责任印制：史大鹏

封面设计：卜建辰　　　　责任校对：胡永立

中国财政经济出版社 出版

URL：http：//www. cfeph. cn

E -mail：cfeph@ cfeph. cn

社址：北京市海淀区阜成路甲 28 号　邮政编码：100142

营销中心电话：010 -88191522

天猫网店：中国财政经济出版社旗舰店

网址：https：//zgczjjcbs. tmall. com

北京财经印刷厂印刷　各地新华书店经销

成品尺寸：170mm×240mm　16 开　10. 75 印张　165 000 字

2023 年 2 月第 1 版　2023 年 2 月北京第 1 次印刷

定价：68. 00 元

ISBN 978 -7 -5223 -1852 -3

（图书出现印装问题，本社负责调换，电话：010 -88190548）

本社质量投诉电话：010 -88190744

打击盗版举报热线：010 -88191661　QQ：2242791300

本专著的出版受福建农林大学经济与管理学院一流师资队伍建设项目的资助，本专著也是福建农林大学2021年度福建普惠金融研究院一般项目“数字普惠金融助力乡村振兴的机制研究”的最终成果。

前　言

发展数字经济和数字技术是当今世界的共识，依托于数字技术和数字经济的数字普惠金融是其中的关键部分。借助于大数据、人工智能等现代信息技术，数字普惠金融有别于传统金融，可以为乡村振兴的发展提供新的路径和方式。稳固脱贫攻坚的成果、提供更多就业机会、促进农村产业升级和发展壮大农村经济是农村发展的重要内容，更是实现乡村振兴必不可少的关键所在。在党的领导下，近年来我国农村发展迅速，但与城市相比仍有较大差距，城乡发展不平衡制约着我国经济的均衡发展，贯彻落实乡村振兴战略刻不容缓。传统的农村金融存在资金需求小、周期短、分散化等特点，难以满足农村真正的金融需求，甚至产生了产品的逆向选择、行业发展落后以及农村经济发展缓慢等多种问题，乡村振兴的实现面临巨大的压力。金融是现代经济的核心，发展金融是实现乡村振兴的重要渠道，但传统的金融特别是农村金融存在种种缺陷，且面临不可持续的难题，对乡村振兴的实现支持乏力，迫切需要为乡村和农村金融发展注入新的活力。

步入数字时代，数字普惠金融的发展为乡村振兴的实现带来了新的机会，发展数字普惠金融，为乡村振兴服务，对打通“最后一公里通道”具有重要意义。数字普惠金融是依托于现代信息技术的普惠金融，其目的是实现金融普惠，这与乡村振兴目标的实现相契合。“数字”弥补了传统金融服务“可得性”的缺陷，降低了传统金融服务的成本，“普惠”聚焦于乡村等弱势群体，有助于催生数字金融市场的长尾效应，颠覆传统金融的“二八定律”。“金融排斥”是当前我国地区发展不平衡的一大要因，数字普惠金融借助于现代信息网络技术打破了时空的界限，降低了金融使用的门槛，使各类群体都能享受到金融的服务，且大大降低了传统金融服务下的高昂成本，为乡村的发展提供了更为平等的机会，也更具可持续性。数字普惠金融的发展也为农业的数字化转型带来了机会，有利于农业的转型升级。在数字普惠金融的支持下，农村可以发展智慧农业、精准农业，推动农业产业链模式整合，形成农业生态良好内循环。

2021 年中央一号文件首次提出要大力发展农村数字普惠金融，为农村金融改革和发展指明了方向。围绕乡村振兴发展，各省区市都在积极探索，如加大金融科技赋能，加速推进金融服务下沉乡村一线，提升数字普惠金融服务乡村振兴建设等。数字普惠金融对乡村振兴建设影响如何？数字普惠金融的细分领域在助力乡村振兴下有何差异？数字普惠金融助力乡村振兴的机制为何？数字普惠金融赋能乡村振兴是否存在区域异质性？数字普惠金融是否存在非线性影响？值得深入探索和研究。

本书分为主要分为七个章节。第 1 章主要阐述研究主题的研究意义、研究背景、研究思路和创新所在。第 2 章对数字普惠金融、乡村振兴以及两者关系的文献进行了梳理，依据数字普惠金融和乡村振兴的衡量指标体系、影响因素等做了评述。第 3 章对数字普惠金融、乡村振兴等相关概念，以及数字普惠金融助力乡村振兴的理论机制进行了分析，并依据理论分析提出了研究假设。第 4 章对数字普惠金融和乡村振兴指数的构建进行了详细阐述，并对数字普惠金融和乡村振兴指数的发展趋势进行了详细分析。第 5 章呈数字普惠金融和乡村振兴的实证研究，对数字普惠金融及其细分领域和乡村振兴的关系进行了详细分析。第 6 章对国内典型地区数字普惠金融助力乡村振兴的案例进行了分析比较。第 7 章归纳结论，提出建议，并对未来的研究方向进行了展望。本书的研究结论如下：

(1) 数字普惠金融指数呈逐年上升趋势，表明我国数字普惠金融不断发展。但数字普惠金融发展不平衡，东中部地区的数字普惠金融发展明显优于西部地区，西部地区数字普惠金融的发展仍有较长的路要走。从数字普惠金融的细分领域来看，数字普惠金融覆盖广度和使用深度都是东中部优于西部地区，但在数字普惠金融的数字化程度上，有较长一段时间西部地区处于领先地位。总体来看，我国数字普惠金融整体发展较好，尽管差距逐渐变小，未来仍需注意地区间发展不平衡的问题。

(2) 从乡村振兴指数来看，我国的乡村振兴呈现波动上升的情况，波动幅度都很小，表明我国在贯彻乡村振兴战略上有所建树，避免了乡村振兴建设不可持续的问题。但不可避免的是我国乡村振兴建设也存在不平衡的现象。总体来看，我国乡村振兴建设东部地区要优于中西部地区，这与东中西部地区在经济发展水平等方面存在的差异息息相关。

(3) 第一，数字普惠金融的发展对助力乡村振兴建设具有显著影响，从细分领域来看，数字普惠金融覆盖广度和数字化程度都对乡村振兴建设具有积极作用，但数字普惠金融使用深度并未表现出对乡村振兴建设的积极作用；第二，科学技术发展、产业结构升级和经济增长在数字普惠金融助力乡村振兴建设过程中扮演中介效应；第三，数字普惠金融对乡村振兴建设的影响具有区域异质性，数字普惠金融的积极作用在中西部地区更为显著，而在东部地区不显著，这与数字普惠金融的“普惠”特征相契合；第四，数字普惠金融对乡村振兴的影响是非线性的，存在单门槛效应，在低数字金融水平时，对乡村振兴的积极效应更大，而在过了门槛值后，数字普惠金融的积极效应有所减弱；第五，乡村振兴和数字普惠金融皆存在显著的空间集聚效应，但数字普惠金融的发展仅能促进本省的乡村振兴建设，而对其他省区市的乡村振兴建设没有显著影响。

随着新一轮信息技术革命的兴起，以使用新兴技术为特征的数字普惠金融已成为中国普惠经济增长的新动力。数字普惠金融作为传统金融与新一代信息通信技术和互联网技术融合形成的新模式，为乡村经济发展和乡村振兴创造了新的机会。随着数字普惠金融在中国的快速发展，中国农村的金融供给能力不断提升，已成为金融助力乡村振兴的重要体现。2021 年，中央一号文件首次提到要发展农村数字普惠金融，要通过提升农村地区数字普惠金融的质与量来加快实现农村现代化。本书的研究领域及研究成果都与数字普惠金融和乡村振兴有关，也正好契合国家当前的发展战略。无论从方法论的角度，还是从研究工具的使用，本书都进行了大量的创新与改进。本专著从头到尾脉络清楚，章节安排合理，从“数字普惠金融助力乡村振兴”这一研究视角出发，形成了一个较完整的研究框架，为进一步的理论分析和相关政策制定提供了可依赖的经验证据支持和依据。

最后特别要说明的是，本专著的出版受福建农林大学经济与管理学院一流师资队伍建设项目和福建农林大学 2021 年度福建普惠金融研究院一般项目“数字普惠金融助力乡村振兴的机制研究”的资助，在此一并表示感谢！

本书在编写过程中参考了大量文献和资料，多数已在书中列出，在这里对给予帮助的各位表示感谢。由于时间和作者水平有限，在本书的编写过程中可能存在一些问题和不足之处，希望读者批评指正。

作者

2022 年 12 月

目　　录

第 1 章　绪论 …………………………………………………………………… 1

1.1　研究背景与问题 …………………………………………………… 1

1.2　研究目标与意义 …………………………………………………… 6

1.3　研究内容与方法 …………………………………………………… 7

1.4　研究框架和路线 …………………………………………………… 9

1.5　研究创新和局限 …………………………………………………… 11

第 2 章　文献回顾与评述 ……………………………………………………… 14

2.1　关于数字普惠金融的研究 ………………………………………… 14

2.2　关于乡村振兴的研究 ……………………………………………… 21

2.3　数字普惠金融和乡村振兴关系的研究 …………………………… 31

2.4　国内外研究评述 …………………………………………………… 38

第 3 章　相关概念和理论基础 ………………………………………………… 40

3.1　相关概念 …………………………………………………………… 40

3.2　理论基础 …………………………………………………………… 46

3.3　理论分析与研究假设 ……………………………………………… 53

第 4 章　我国数字普惠金融与乡村振兴的发展现状与水平测度 ………… 65
4.1　数字普惠金融在我国的发展 …………………………………… 65
4.2　我国数字普惠金融的测度及解析 ……………………………… 67
4.3　乡村振兴在我国的发展 ………………………………………… 75
4.4　乡村振兴发展水平的测度及解析 ……………………………… 77
4.5　我国乡村数字普惠金融发展的进程与现状 …………………… 84

第 5 章　实证研究与结果分析 ……………………………………… 91
5.1　数据来源 ………………………………………………………… 91
5.2　变量选取 ………………………………………………………… 92
5.3　模型构建 ………………………………………………………… 94
5.4　实证分析 ………………………………………………………… 95
5.5　小结 ……………………………………………………………… 113

第 6 章　数字普惠金融助力乡村振兴建设的典型案例研究 ………… 114
6.1　浙江省农村信用联社和农商银行助力乡村振兴的案例分析 …… 115
6.2　宁德普惠金融改革试验区数字普惠金融助力乡村振兴的案例分析 …… 123
6.3　小结 ……………………………………………………………… 127

第 7 章　研究结论与启示 …………………………………………… 129
7.1　研究结论 ………………………………………………………… 130
7.2　研究启示 ………………………………………………………… 131
7.3　研究展望 ………………………………………………………… 139

参考文献 ……………………………………………………………… 140
附录一：乡村振兴的相关政策文件 ………………………………… 157
附录二：数字普惠金融的相关政策文件 …………………………… 159
后记 …………………………………………………………………… 161

| 第1章 |

绪　论

1.1　研究背景与问题

1.1.1　研究背景

“三农”问题（农村进步、农业发展、农民福祉）自新中国成立以来，就始终是中国共产党工作的重中之重。从新中国成立初期的土地改革与合作，到改革开放以来农村经济发展和农村振兴战略的实施，农村发展的道路越来越清晰。1978 年，家庭联产承包责任制确立，调动了农民的生产积极性，促进了粮食产量的快速增长和农业现代化。改革开放以来，随着工业化和城市化进程的加快，我国的农业农村现代化和城乡统筹发展取得了持续进步。与此同时，快速的城市化导致了城市规模的扩大和工业园区建设的延长，大量的青壮年劳动力涌入城市，乡村衰落，城乡差距变大，乡村问题严重。长期以来，农村的定位都是维护社会稳定和保障农民生计安全，导致传统农业结构调整长期缺失和现代农业结构普遍不完善。为了促进乡村发展，党在十九大创造性地提出了乡村振兴战略，从此迈上了解决“三农”问题的高速通道，开启了乡村发展的新纪元。

2005 年，联合国首次提出了普惠金融，认为要为有金融服务需求的社会各群体提供相应的金融服务。为了更好地实施乡村振兴战略，响应普惠金融发展的号召，破解农村发展资金限制的“瓶颈”，国家先后出台了一系列金融改革举措，如对农村信用社、农业银行等正规金融机构进行了改革，以及逐步开放了农村金融市场（谢平和徐忠，2013），尽管如此，正规金融机构依旧偏爱在城市扎根，而不愿意针对农村居民的实际需求设立对应的金融产品，普惠金融政策没有得到充分有效的执行，而充分运用金融方法和数字技术的数字普惠金融可以有效解决这方面的“瓶颈”。2016 年 9 月，中国在杭州 G20 峰会上提出制定《二十国集团数字普惠金融高级原则》，提倡将数字技术和普惠金融的发展融合，进一步拓宽了普惠金融的宽度与深度。而所谓数字普惠金融，是为那部分在传统金融机构难以享受到对应金融服务的人群所提供的数字渠道，通过数字技术和普惠金融的有效融合，降低了金融门槛，减少了交易成本和风险成本，促进了信息流通，在为农民等弱势群体提供金融服务、促进乡村振兴方面具有不可替代的天然优势和巨大潜力。

（1）促进乡村振兴是解决城乡发展不平衡，更好地满足乡村人民美好生活需要的必然要求。党的十九大报告指出中国特色社会主义进入新时代，人民日益增长的美好生活需要和不平衡不充分发展之间的矛盾是我国社会的主要矛盾。农村社会经济发展水平落后、城乡居民收入差距较大成为我国发展不平衡不充分的真实写照。乡村人口在我国占有较大的比重，是我国现代化进程中不可忽视的力量和群体。同时，城乡之间的关系密不可分，城市的发展需要乡村振兴的推动。当前，我国经济正由高速发展向高质量发展迈进，追求经济高质量发展。但以农业边缘化、农村空心化、农民老龄化为代表的“三农”问题日益突出，迫切需要转变发展思路，以产业繁荣为突破口，把农村建设成为生产、生活、生态功能一体化的美丽乡村。2018 年 9 月，中共中央、国务院印发了《乡村振兴战略规划（2018～2022 年）》，对实现乡村振兴做了战略部署；2019 年 2 月，中央一号文件《中共中央国务院关于坚持农业农村优先发展做好“三农”工作的若干意见》发布，提出在各种经济任务中始终都要重视“三农”问题的解决；2021 年 2 月，《中共中央国务院关于全面推进乡村振兴加快农业农村现代化的意见》发布，提出要通过农业农村现代化建设助力乡村发展。

（2）当前乡村振兴面临巨大挑战。近年来，国家实施了一系列政策来促进乡村发展，尽管取得了一定的成就，但乡村振兴仍面临较多困难和挑战。第一，乡村产业基础仍不牢靠。在我国，乡村产业以农业为主，但农业的效益相对较低，需要进一步加强农业与其他产业的深度融合，筑牢农村产业基础。农村产业从业人员趋于高龄化、基础设施不完善以及农业经营风险大等问题都影响农村产业发展。第二，农村基础设施“欠账”比较多。当前，我国农村建设缺乏规划，污染物集中治理较难，交通发展也相对落后，乡村发展需要更多的资金支持。第三，农村农民保障水平需要进一步提升。农业收入低、经营风险大的特点决定了农民收入的不稳定。由于负担能力较低，大多数农民在参与养老保险时会选择最低档，养老水平较低。老龄化问题日趋严重，养老设施却不足，难以满足农村日益增长的养老需求。第四，农村投入机制有待强化。农村发展的“钱从哪来”是急需解决的现实问题，“融资难”“融资贵”的问题限制了乡村振兴的实现。第五，乡村治理能力亟待提升。农村的许多问题都源于缺乏有效的乡村治理，提升乡村治理人员的素质刻不容缓。第六，乡村发展不平衡较为突出。即使是乡村之间，也存在发展不平衡的问题，其资源优势、经济社会发展水平、基层组织建设以及政策支持力度都存在较大差距。因此，采取有效措施促进乡村振兴，具有现实的紧迫性。

（3）数字普惠金融已成为缩小城乡差距、拉动经济增长的重要引擎。首先，数字普惠金融缓解了流动性约束。传统金融机构认为，大部分农村居民缺乏基础的征信信息、足够的抵押物以及一些必备的基础设施，导致在乡村地区开设网点存在阻力，获客成本较高；且农民收入受天气影响较大，风险控制难度大，因而大多数传统金融机构不愿意在农村地区开设大量网点。而数字金融机构弥补了传统金融机构的空白，大部分贷款以自动审批的方式通过，降低了人力成本与寻租成本，也不需要开设实体网点，从而以极低的边际成本和极强的地理穿透性打破了金融市场的财富门槛，让农村群体也能享受到安全可靠的金融服务，为农村居民的创业提供了新的资金来源。其次，数字金融机构通过在储蓄、支付、借贷等方面的创新（黄倩等，2019），推出了很多更具针对性的金融服务与产品。一方面，支出、储蓄等方面的创新使得数字金融机构不必像传统金融机构那样依赖于网点建设，降低了成本，赢得了大量被传统金融体系排斥在外的顾客。同时，大大扩大了金融服务的服务范围，让很多农村居民也能享受到多样化的金融服务（焦瑾璞等，2015）。另一方面，随着数字技术的进步，越来越多的数字金融机构得以从供应主导型企业转变为需求主导型企业，主动关注到农村居民的实际需求，开始以农户的视角看待其所面对的困难以及发展的机遇，推出了大量适合农村居民的金融服务与产品，优化了金融资源配置，有利于实现农户与金融机构的共赢。最后，数字普惠金融能够有效缓解信息不对称的问题，打破了原先农村居民难以融入金融体系的僵局。其一，大数据与区块链等数字技术的进步让金融机构可以即时获得申请人的需求与征信记录等关键信息，助力农村建立起完善的征信体系的同时，打破了原先传统金融机构同农户之间的信息壁垒，也更方便对申请人的情况进行实时监控，使得数字金融机构能够在一定程度上控制农村金融风险。其二，数字技术给予了不同群体之间交流信息的平台，使得金融服务的申请者之间能够有机会交换信息，形成利益的共同体，从而更好地维护弱势群体的权益，大大提高了弱势群体的抗风险能力，保证了金融服务的公平性。当前，乡村振兴面临诸多困难与挑战，迫切需要在数字普惠金融的发展过程中，带动农村创新创业，激活农村经济发展活力，助力乡村振兴实现。

（4）我国农村地区数字普惠金融发展迅速，已经取得了一定成效。数字普惠金融的普惠性、共享性能够更好地满足乡镇小微企业与农户分散化和小额的资金需求，实现服务对象的下沉和多元化。农业供给侧结构性改革下，数字普惠金融的应用，有助于农业产业链模式整合，突破农产品产销的限制，推动产业数字化升级。河南省光山县青龙河农业机械化专业合作社依托大数据、云计算等现代化数字技术，对农业生产进行赋能，已经形成了“产、学、研、推”的智慧农业发展模式。此外，山西省祁县的万牧安格斯肉牛养殖基地、黑龙江北大荒等都通过智慧农业发展模式，在提高作物产量和品种的同时，提高了土地集约效率，增加了农业产值。农业银行将服务“三农”70多年的深厚沉淀与数字化技术深度融合，依托物理网点、自助银行、惠农通服务点、手机银行、远程银行和流动性服务机构构建了立体式的服务渠道体系，打通了农村金融服务的“最后一公里”。数字金融表现出极强的生命力，在农村地区发展势头强劲，深受广大农村居民喜爱，成为生产生活不可缺少的条件。疫情期间，数字普惠金融有力地促进企业复工复产，成为各级政府救助小微企业及困难群体、促进消费复苏的重要手段。预计后疫情时代，用户会更加认同无接触式金融服务，金融数字化转型可能会进一步加速。

（5）已有文献大量研究了数字普惠金融的经济效应，但对数字普惠金融和乡村振兴关系的研究相对较少，有待进一步深化。从宏观方面来看，数字普惠金融有助于拉动经济增长（郝云平和雷汉云，2018）、缩小城乡收入差距（张贺和白钦先，2018）、增加就业（谢绚丽等，2018）、减缓贫困（孙继国等，2020）、增加居民消费（易行健和周利，2018）；从微观来看，数字普惠金融有助于缓解企业融资约束（滕磊，2020）、促进企业创新（喻平和豆俊霞，2020）。对于数字普惠金融和乡村振兴关系的研究，已有部分学者做了有益探索（葛和平和钱宇，2021），但在研究内容、研究视角及研究方法等方面还存在继续深化的空间。因此，本书试图弄清楚数字普惠金融对乡村振兴的影响及其作用机制。

1.1.2 研究内容

通过梳理数字普惠金融与乡村振兴的相关文献发现，目前对于数字普惠金融和乡村振兴的研究已较为丰富，但是对数字普惠金融和乡村振兴的系统性研究还相对较少。首先，数字普惠金融是依托于数字技术和数字经济发展起来的数字和普惠金融相结合的产物，数字普惠金融的蓬勃发展是近年来才开始的，对数字普惠金融的研究还有待进一步深化和拓展。其次，数字普惠金融和乡村振兴相关的数据获取、指标构建制约着实证研究的展开，大量研究只是从理论上对数字普惠金融和乡村振兴的关系做了定性分析。此外，随着数字普惠金融的发展，农村数字普惠金融正在成为乡村振兴建设道路上一支不可忽视的重要力量。城乡发展不平衡影响农村人民幸福感的获得，产业落后制约乡村经济的发展，乡村振兴的实现面临着巨大压力，急需为乡村振兴建设注入新的活力。在此基础上，探索数字普惠金融对乡村振兴的影响及其实现机制不仅在理论上具有重要意义，在实践中也意义非凡。近年来，有众多单位都相继发布了数字普惠金融的相关数据，为数字普惠金融相关研究的展开提供了有力支持。基于此，本书将通过定性分析和定量分析相结合的方式，探索数字普惠金融及其细分领域对乡村振兴建设的影响，以及数字普惠金融助力乡村振兴建设的实现机制，为数字普惠金融的发展和乡村振兴的建设提供理论支持。本书着重研究以下内容：（1）数字普惠金融对乡村振兴建设有何影响？（2）数字普惠金融助力乡村振兴建设的实现机制为何？（3）各地区在发展数字普惠金融助力乡村振兴建设过程中有何差异？（4）数字普惠金融对乡村振兴是否存在非线性影响？（5）目前在发展农村数字普惠金融过程中存在什么问题，有什么经验可以相互借鉴？

1.2 研究目标与意义

1.2.1 研究目标

本书将金融发展理论、长尾理论等结合起来，在梳理已有文献和研究的基础上，将理论分析和实证研究相结合，构建数字普惠金融助力乡村振兴建设的分析。本书的总体研究目标：从理论和实证角度探索数字普惠金融对乡村振兴的影响和实现机制，为发展农村数字普惠金融和乡村振兴实现构建合适的政策体系框架。

（1）归纳总结数字普惠金融和乡村振兴的相关研究成果，提炼出影响乡村振兴建设的影响因素和数字普惠金融助力乡村振兴建设可能的机制和路径，并结合金融发展理论、长尾理论等理论基础，构建数字普惠金融助力乡村振兴建设的理论框架，剖析数字普惠金融助力乡村振兴建设可能的直接和间接作用机制，为后面的定量分析奠定理论基础。

（2）结合相关机构发布的数据和实地调研获取的数据，采用比较分析、案例分析等多种方法揭示我国数字普惠金融发展和乡村振兴建设的现状，并结合典型省份的案例分析，分析在实现乡村振兴建设过程中可能存在的问题，讨论发展乡村数字普惠金融可以相互借鉴的地方，为政策建议的提出提供理论和现实支撑，确保乡村振兴建设的顺利实现。

（3）通过线性面板模型研究数字普惠金融及其覆盖广度、使用深度和数字化程度对乡村振兴的影响；通过中介效用模型分析数字普惠金融助力乡村振兴实现的作用机制；通过对比分析检验数字普惠金融助力乡村振兴建设的区域异质性，为政府相关部门政策的提出建言献策；通过门槛模型和空间效应模型检验数字普惠金融对乡村振兴的非线性影响和空间溢出机理。

1.2.2 研究意义

（1）理论意义。在推动全球普惠金融发展的过程中，越来越多的国家开始关注数字普惠金融对经济社会的影响。在此背景下，已有不少学者对数字普惠金融的经济效应做了有益探索。而乡村振兴作为中国共产党为促进乡村可持续发展而制定的重要战略规划，也已引起了学术界的高度关注。关于数字普惠金融和乡村振兴关系的研究不断丰富，但是仍缺乏对两者关系的系统性研究。

本书根据相关理论和已有的研究成果，系统总结数字普惠金融的经济效应和乡村振兴的影响因素，以数字普惠金融视角为切入点，从直接作用和间接作用两个方面，探索数字普惠金融对乡村振兴的影响和作用机制，丰富了数字普惠金融和乡村振兴的研究成果，对于构建中国特色的农村金融理论体系具有一定理论意义。

（2）实际意义。长期以来，党中央都十分重视"三农"问题，并将其作为全党工作的重中之重。随着社会现代化和城镇化进程的推进，国家越来越重视"三农"问题，把发展农村经济放在首位。近年来，在党的支持下，乡村实现了较大的发展，但仍面临人力资本不足、产业结构落后等诸多挑战，亟须找到新的经济增长点。数字普惠金融的发展为乡村发展带来了机会，本书在理论分析和实证研究的基础上，提出了利用数字普惠金融助力乡村振兴的相关建议，对实现农村的现代化发展具有重要的现实意义。

1.3 研究内容与方法

1.3.1 研究内容

为了实现研究目标，解决提出的研究问题，本书的主要研究内容如下。

（1）数字普惠金融助力乡村振兴的理论框架。基于金融发展理论、长尾理论等理论基础，在科学界定数字普惠金融和乡村振兴概念的基础上，探讨数字普惠金融对乡村振兴的直接和间接效应，并提出合理的研究假设。

（2）我国数字普惠金融的发展趋势与乡村振兴现状。借鉴北京大学编制的数字普惠金融发展指数，对我国各省区市自2011年以来的数字普惠金融指数及其细分领域的发展趋势进行了系统分析，并对东中西部的发展现状进行了比较，初步掌握我国数字普惠金融的发展水平和区域差异。借鉴已有文献，利用熵权法构建符合我国国情的乡村振兴发展指数，了解我国乡村振兴的发展现状和区域差异。最后，对数字普惠金融和乡村振兴的内在联系做了简单分析，该部分的分析为后面的理论分析和实证研究的展开提供了现实依据。

（3）数字普惠金融对乡村振兴的影响效应和实现路径。以2011～2019年省级面板数据为样本，运用线性回归模型对数字普惠金融及其细分领域对乡村振兴的影响效应以及实现机制进行了分析。此外，以门槛效应模型和空间效应模型进一步分析了数字普惠金融和乡村振兴的关系。

（4）通过对典型地区数字普惠金融服务乡村振兴的案例进行分析，了解我国农村数字普惠金融在服务乡村发展方面存在的难题，以及在服务乡村振兴方面值得借鉴的良好措施，加强政策建议的针对性和可操作性。

（5）数字普惠金融助力乡村振兴的政策建议。基于理论分析和实证检验结果，得出发展数字普惠金融服务乡村振兴的政策启示，多角度提出有利于实现乡村振兴的政策建议。

1.3.2 研究方法

借鉴金融发展理论、长尾理论等理论基础，运用定性分析和定量分析相结合、比较分析、案例分析等多种方法探索数字普惠金融对乡村振兴建设的影响和实现机制。其中所采取的研究方法包括以下几种。

（1）文献研究法。本书通过梳理普惠金融、数字普惠金融、城乡融合发展、城乡收入差距、农民收入增长和乡村振兴建设等相关研究，归纳出了影响乡村振兴的影响因素、数字普惠金融助力乡村振兴建设可能的路径、乡村振兴指数的构建方式以及政府部门的相关政策建议，了解了已有研究采用的研究方法和理论基础，进而为后面实证的展开做了充分的准备。

（2）定性分析和定量分析相结合的方式。本书在梳理已有文献的基础上，通过相关的理论基础初步了解了数字普惠金融影响乡村振兴可能的直接和间接效应，为实证部分的展开提供了理论支持。后面的实证部分对理论假设进行了检验，理论加实证的方式使研究结果更具可信度，基于此提出的政策建议才会更具可操作性，也更容易发挥农村数字普惠金融的作用，助力乡村振兴早日实现。

（3）案例分析法。理论分析和计量检验的方式仍趋于表面化，对发展农村数字普惠金融和实现乡村振兴建设仍停留在较为宏观的层面，以农村数字普惠金融发展较好的典型地区为例，分析目前在助力乡村振兴方面存在的问题和可以借鉴的经验，将更有助于政策建议的提出，使相关政策更细化、更有针对性。

（4）对比分析法。我国各地区之间发展差异明显，无论是在数字普惠金融发展上还是乡村振兴建设上都存在较大差异，通过将各省区市比较，将更容易明确未来政府需要重点扶持的地区，将更容易把握发展重点，助力全国各地区均衡发展，共同推进乡村振兴的实现。

1.4 研究框架和路线

1.4.1 研究框架

本书分为七个部分，对数字普惠金融影响乡村振兴的影响效应和作用机制进行了研究探讨。各部分的主要内容如下：

第1章是绪论。该部分对研究背景、研究内容、研究意义、研究目标、研究方法、研究框架、技术路线、创新和不足之处等内容进行了介绍，便于全书的后续展开。

第2章是文献综述。该部分对数字普惠金融、乡村振兴以及两者关系的文献进行了梳理，并做了文献评述。这些理论研究为了解数字普惠金融和乡村振兴的研究现状具有充分的指导和借鉴意义，丰富的研究内容和独到的见解，有助于深入挖掘数字普惠金融和乡村振兴建设的关系，为本书的指标体系构建、理论分析和实证研究都提供了有力支撑。

第 3 章是数字普惠金融与乡村振兴的相关概念、理论基础和研究假设。该部分主要对数字普惠金融和乡村振兴的概念进行了界定，进行机制分析，并提出了研究假设。在界定了数字普惠金融和乡村振兴等基础概念的基础上，多角度分析了数字普惠金融助力乡村振兴的直接和间接作用机理。最后提出了本书的研究假设，以备实证部分进行检验。

第 4 章主要是对数字普惠金融和乡村振兴指数的构建和分析。利用熵权法，借鉴已有研究，构建了符合我国特点的乡村振兴发展指数。采用北京大学编制的指数，构建了数字普惠金融影响乡村振兴的理论框架。在对数字普惠金融和乡村振兴指数近年来的发展情况进行分析后，初步了解了我国数字普惠金融发展的趋势和存在的问题，以及乡村振兴建设的现状空间分布和特征。并在此基础上，初步验证了数字普惠金融和乡村振兴建设的内在联系，为实证研究的展开提供了实际依据。

第 5 章是数字普惠金融和乡村振兴的实证研究。该部分对数字普惠金融及其细分领域和乡村振兴的关系进行了详细分析，并检验了其作用机制。此外，还利用门槛效应模型和空间效应模型做了进一步分析。

第 6 章是对国内典型地区数字普惠金融助力乡村振兴的案例研究。通过对典型地区农村发展现状和数字普惠金融发展现状的阐述，可以更直观地了解农村数字普惠金融在服务乡村发展方面存在的问题，以及一些地区值得借鉴的先进经验，对最后政策建议的提出具有重要的参考意义和价值。

第 7 章是归纳结论和提出政策建议。该部分主要是对前面研究结论的提炼，并依据所研究的内容提出有针对性的政策建议，并对未来的研究方向进行了展望。

1.4.2 技术路线

本书的技术路线如图 1.1 所示。

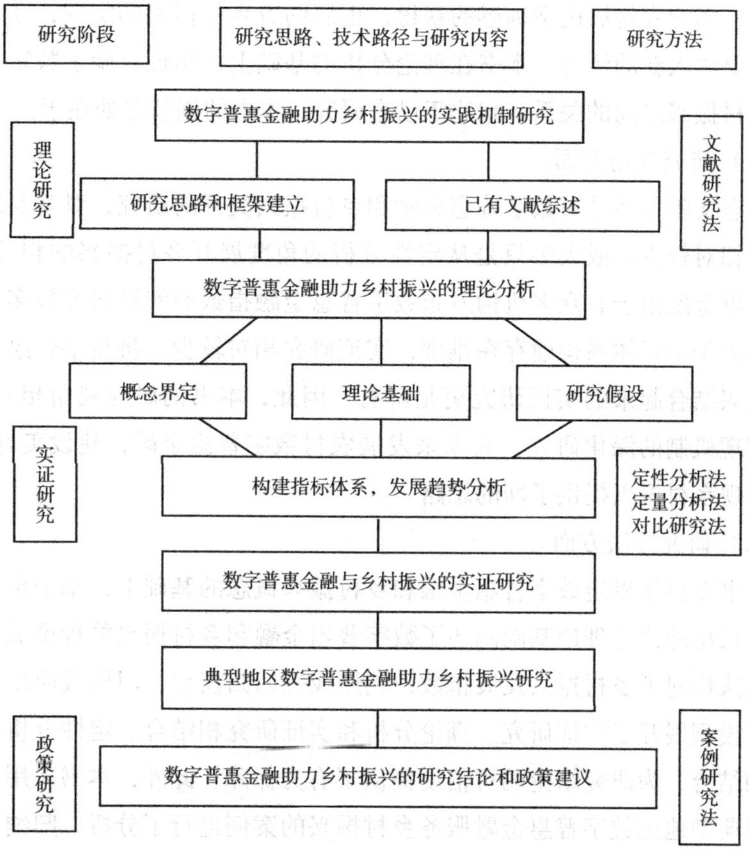

图1.1　本书的技术路线

1.5　研究创新和局限

1.5.1　研究的创新

随着数字时代的来临，数字普惠金融的发展不仅对宏观经济造成了影响，也在改变着我们的日常生活，无论是实务界还是学术界，越来越多的人将目光聚焦到数字普惠金融的发展上，对其造成的经济影响也保持着极高的关注。目前，承担着重要任务的农村依然存在产业落后、经济发展缓慢等多种问题，影响农村居民幸福感的获得，更制约着乡村振兴的实现，乡村发展迫切需要注入新的活力。本书在理论分析的基础上，实证检验了数字普惠金融和乡村振兴之间的关系。相比于已有研究，本书的创新之处在于：

（1）研究视角方面。

已有文献大多是对数字普惠金融和乡村振兴关系的研究，对其实现机制的研究相对较少，或大多只是从定性分析的角度展开乡村振兴的相关研究。数字普惠金融由于有众多机构发布数字普惠金融指数而实证研究较多，但乡村振兴由于指标体系构建存在难度，实证研究相对较少，将数字普惠金融和乡村振兴结合起来的实证研究更是鲜有。因此，本书的研究视角相对新颖，通过实现机制的深化研究，对未来发展农村数字普惠金融，建设美好乡村，最终实现乡村振兴提供了新的思路。

（2）研究方法方面。

本书在科学界定数字普惠金融和乡村振兴概念的基础上，基于金融发展理论、长尾理论等理论基础阐述了数字普惠金融和乡村振兴的理论关系。通过熵权法构建了乡村振兴发展指数，利用线性回归模型、门槛效应模型和空间效应模型展开了实证研究。理论分析和实证研究相结合、定性分析与定量分析相结合，为研究结论的可信度提供了有力保障。此外，本书采用案例分析法对典型地区数字普惠金融服务乡村振兴的案例进行了分析，归纳出了目前我国数字普惠金融，特别是农村数字普惠金融发展存在的问题，并汲取了一些地区用数字普惠金融建设乡村发展的经验，为最终政策建议的提出具有重要的借鉴意义。

1.5.2 研究的局限

数字普惠金融还处在不断发展过程中，乡村振兴建设也在如火如荼地开展，现有理论目前还尚未成熟，本书的研究可能存在以下局限：

（1）数据获取的局限性。基于数据的可得性，本书主要采用北京大学编制的数字普惠金融指数来开展研究，一方面，该指数广泛地被学术界所采用，可信度较高；另一方面，其他机构编制的指数一些是截面数据，一些不是连续年份编制的，但该指数仍有可能并不能很好地反映我国数字普惠金融的发展。同时，乡村数字普惠金融也在不断发展，如果能探讨乡村数字普惠金融与乡村振兴的关系，研究结果将更有意义。此外，目前乡村振兴发展指数的构建尚未有统一的标准，尽管本书参考了《乡村振兴战略规划（2018～2022年）》的相关内容，并借鉴了大量文献，但仍有存在衡量偏差的可能性。随着乡村振兴相关指标的不断丰富发展，相关数据库的不断健全，可以展开更加深入的探讨和分析。

（2）实现机制分析有限。数字普惠金融助力乡村振兴建设是多渠道的，部分渠道对数字普惠金融功效的发挥甚至可能是负向的，限于能力和时间等因素，本书仅对其中的部分渠道进行了分析，并未穷尽各种实现乡村振兴的渠道，有待于未来的研究继续深化。

（3）从已有文献来看，数字普惠金融无论在宏观还是微观来看，均具有积极效应，似乎在助力乡村振兴方面皆是积极作用。但数字普惠金融的发展仍处于起步阶段，其背后存在的问题、风险还尚未暴露出来，基于此展开的研究和分析可能与实际存在一定偏差，提出的建议也不能解决未来可能出现的一系列问题，未来的研究要紧跟数字普惠金融发展，深化数字普惠金融与乡村振兴的研究。

第2章 文献回顾与评述

自党的十九大报告将乡村振兴提升至战略高度后，国家对于乡村振兴工作的有效展开给予高度政策支持。2021年3月，中共中央、国务院发布《关于实现巩固拓展脱贫攻坚成果同乡村振兴有效衔接的意见》，强调脱贫攻坚与乡村振兴战略间的有效衔接，重点在于妥善处理金融服务政策的衔接工作，进一步完善针对脱贫人口的小额信贷政策。2021年中央一号文件初次指出要发展农村数字普惠金融，同时帮助市县建立区内通用的信息数据库。数字普惠金融在原有的涉农金融基础上创新性地提出"数字化"，通俗来讲，其是将互联网与普惠金融相结合而形成的一种新业态，可以有效推动乡村振兴战略的实施，对解决"三农"问题具有重大意义。

我国农村普惠金融在经历了小额信贷、微型金融、传统普惠发展阶段后，目前已经快速进入数字技术驱动的数字普惠金融发展阶段。最近几年，伴随着各类新兴互联网技术如人工智能、区块链、云计算、大数据、物联网等迅速崛起，各类伴生技术同样不断适用于金融领域，改善金融科技。随着数字普惠金融领域的移动科技快速发展，数字普惠金融为乡村振兴提供了更加辽阔的发展空间。近年来，国内外众多专家学者对于数字普惠金融与乡村振兴战略的相关关系展开了广泛研究和探讨，已经取得了一定的成果。

2.1 关于数字普惠金融的研究

中国从2006年开始大力推进普惠性的金融服务发展，政府出台了包括设立小额贷款有限公司、在金融机构设立“普惠金融业务部”以及在农村进行“两权”抵押试点等优惠政策，但往往付出与收获不成正比，没有商业可持续性。数字科技则为解决普惠金融的天然问题带来了可能：一方面，互联网平台可以通过构建一个类似淘宝或微信的“消费场景”牢牢黏住几千万甚至上万亿的移动终端用户；另一方面，可以通过社会化媒介或网购平台等的大数据分析，进行全方位的个人信用评价。就这样，数字金融可以在双方不见面的情形下减少取得客户和风险防范的成本，从而有效提高普惠金融发展的可能性。2016年9月，G20杭州峰会对数字普惠性金融进行了细致的讨论，在G20峰会后，中国正式和世界一道开启了普惠金融的黄金时代，即数字普惠金融时代。近年来，关于数字普惠金融的研究一直是国内外专家学者的关注焦点，已经取得了一定进展。

2.1.1　国外研究现状

首先，大量学者对普惠金融与经济发展的关系进行了探讨。金融服务改革是现代市场经济的核心内容，金融服务创新是提高经济发展与社会发展水平的重要原动力。大量研究表明，普惠金融的发展有助于减轻贫困，改善经济社会发展水平和发展品质。Honohan（2005）认为普惠金融具有扩大内需、刺激经济、消除贫困以及实现包容性社会的功能。Geda等（2006）利用埃塞俄比亚1994～2000年的面板数据，发现随着贷款、存款等服务的扩展，普惠金融能够改善低收入群体的收入水平。Bittencourt（2010）以巴西为样板开展了调查，也认为通过改善低收入区域的金融机构管理水平和服务，能够改变约百分之二十的低人均收入群体的生存状况。Sarma等（2011）的研究同样表明，一个国家的金融服务普遍程度和经济社会发展现代化程度之间存在明显的同向变化关系。Anand等（2013）分析后得出，当普惠金融指标每提高百分之一时，包括所有GDP因素的人类发展价值指标将会提高百分之零点一四。世界银行（2013）指出，普惠金融服务水准对推动经济发展、减少贫穷、促进共享经济社会的发展成就不可或缺。大量证据说明，穷人在很大程度上能从基本支出、存款和保险业务中受益；对于小企业和创新公司，则与其获取金融服务的机会与创新以及工作岗位的创新发展有关。

Marsden和 Nileshwar（2013）从存款、信用、保险和消费等各类金融问题入手，说明了金融普惠对减少贫穷的重要意义。Choudhury（2014）在理论上阐释了金融普惠性对家庭脆弱性的负面影响，认为金融普惠缺失会加大经济风险冲击，加剧家庭软弱性。Wang 等（2016）认为普惠金融带有扶贫特性，能够缩小经济差距。

近年来，科技发展、产业技术创新等为普惠金融的研究提供了全新的研究视野，数字金融服务以极快的速度变革着金融服务的方方面面。世界银行（2013）指出，新兴的信息技术为普惠金融服务的进一步提升创造了条件，移动支付、移动银行业务可以通过生物识别数据确定贷款人身份等创新促使人类在提高资金安全性的同时能够低价快捷地获得金融服务。Eduardo 等（2016）的研究发现，运用网上联保投融资业务模式有助于减少信贷经营风险，提高投融资主体间的信任程度，大大缓解了信息不对称等问题。Huang（2018）指出，蚂蚁金服的网商小贷系统在提高商家服务质量的同时，可以协助商家更高效地处理财务问题与运营冲击。在国外的研究成果中，不少研究者提出数字信息技术的应用能够有效缓解中小企业的资金约束程度。Agarwal 和 Hauswald（2010）认为互联网金融机构通过运用网络信息技术，使信用审核的流程变得轻松、智能，增加了银行投资的可获得性，大大地降低了中小企业的投资门槛。Hau 等（2017）使用模糊断点回归模型，对蚂蚁金服上亿条的财务数据进行了分析，发现通过大数据分析技术为淘宝网商家提供的小微信贷服务，在提升产品销售金额、成交量以及产品多样性等方面都具有显著的促进作用。与传统金融服务模式以信贷、质押为基础开展业务不同，物联网技术通过大数据处理，大大方便了数据的更新与信息传递，使得以数字技术为依托的数字金融服务在扩大经营风险评估的信息来源、发现使用者群体潜在需求、提升经营风险定价效率等方面，都对既有传统金融服务的发展模式形成了颠覆性深远影响，并提升了金融可得性，为缓解中小微弱主体的资金约束问题提供了可能（Arjunwadkar，2018）。

关于数字普惠金融发展水平的测度，包括全球普惠金融合作伙伴组织（GPFI）、金融包容联盟（AFI）、世界银行（WB）等在内的众多全球性的金融机构组织，都提出了具体的指导方案。从国外普惠金融的研究成果来看，对技术指标设置和技术研发方式的研究已相当完善，而对数字普惠金融的研究则基本上处于网络信息技术运用到金融服务的技术领域方面。Pascual 等（2005）从资金涵盖穿透度和应用广泛性出发，以四大技术指标建立了金融发展水平评价指标体系；Sarma（2012）从穿透度、应用度、有效性度三大层次量化剖析了金融发展技术水平。在普惠金融的蓬勃发展程度及其影响领域方面，Andaerloni 和 Vandone（2008）对欧盟互联网金融市场的自由化、反洗钱、财税政策、反洗钱政府、社区救济政府、人口变动、税收收入变化七类因素进行了解析。

2.1.2 国内研究现状

国内当前围绕数字普惠金融的研究重点主要集中于以下三大方向，分别为数字普惠金融的经济与社会效应、数字普惠金融的影响因素分析以及数字普惠金融的风险与监管。

（1）数字普惠金融的经济与社会效应

在促进创新创业方面。谢绚丽等（2018）在控制了内生性的影响后，发现数字金融服务的快速发展对创新型经济发展有很重要的作用，并认为通过数字金融服务的快速发展带动了金融服务基础建设，使得可以以较低成本向整个经济社会特别是经济社会欠发达地方和群体供给高质量的金融服务，给经济社会欠发达地区和中小微企业带来了赶超的机会，推动了经济社会的均衡发展。分析表明，不断促进数字金融服务的发展，不断完善数字金融服务的各个方面，进一步拓展其使用广度，发掘其数字金融服务的各种功能，进一步丰富数字金融服务在消费、信用、社会保障等方面的功能，能够克服传统金融机构无法服务于中小企业和经济不发达区域的缺点，更好地发挥其在鼓励经济创新和缓解区域发展不均衡等方面的重要功能，从而实现其真正的普惠价值。钱海章等（2020）专注于研究中国数字金融发展与经济增长两大主题，就两者之间的相互关联、影响机理与异质性做了验证，研究结果表明，我国数字金融发展推动了经济增长，并存在数字金融发展推动经济增长的创新与创业渠道。

在促进消费和提高家庭收入方面。易行健和周利（2018）的调研结果表明，数字金融发展通过增加市场流动性、创造新支出的方法有效带动了居民在服装、家居、个人生活用品、交通通信设备等方面的消费，且对广大农村区域、中西部地区和城市中低收入层次家庭消费的促进作用更大。傅秋子与黄益平（2018）深入研究了数字金融发展对不同类型农民在正规金融需求方面的异质化影响，研究中发现数字金融发展大大降低了农民生产性正规贷款的需要，其中持有智能手机的人群所受影响更为显著，而农民消费性正规贷款的需要则大大提高，其中教育水平较高、有一定网购习惯人群的需求被激活较多，体现了数字金融对农民工作效率、消费水平的多维度影响。宋晓玲（2017）从互联网金融的视角出发，通过对2011～2015年省级人口数据的分析，发现数字金融的发展可以缩小城市人均收入差异。尹志超和张栋浩（2020）利用我国家庭金融服务研究中心2015年度统计数据，构建了家庭金融服务普惠性指标，深入研究了家庭金融服务普惠性对家庭贫困和脆弱性的影响，发现数字金融能够明显提升家庭生活收入水平，从而减少了家中出现贫穷的概率，对低收入家庭收入水平的改善效果尤为明显。更进一步地，金融普惠政策对于尚未获得政府财政扶贫帮助的贫困家庭具有更大的社会意义，作为对共同保险机制的可靠补充，能够帮助社会家庭较好地处理因社会经济协调性冲击所造成的弱势性。

在促进金融资源合理配置和经济包容性增长方面。数字普惠金融服务系统在降低服务成本等方面具有很大的应用空间，它可以优化金融资产配置，使得在促进金融稳定的同时实现整体盈利水平的提升（王颖和陆磊，2012）。王馨（2015）基于长尾理论分析了数字金融缓解中小型公司融资约束程度的可能性，并认为数字金融有效降低了贷款配给程度，促进了金融资源的合理配置。数字普惠金融服务通过录入市民个人生活消费状况，可以为其提供基础的征信信息，以便检测其是否符合信用要求，从而判断贷款发放与否（杨波等，2020）。此外，多项研究表明，网络革命下的数字金融具有包容效应。数字普惠金融将数字技术应用于经济与金融领域，进一步扩大了金融机构的业务范围与触达力（郭峰，2017）。

国内普惠金融业务很难做好，其中一个重要原因就在于部分顾客人群常常分布较散、规模较小、硬信息价值低以及抵押资产缺乏，导致金融服务存在获客成本过高以及风险管控较难的风险。而数字金融服务则能够利用场景、数据分析技术并结合金融科技产品来弥补传统金融的发展短板，有效发挥其“成本小、快捷、覆盖范围广”的优点，从而大大降低了金融服务技术门槛和金融服务生产成本，有效提升了小微公司的投资环境，金融服务能够更加高效地惠及普惠金融主体。张勋等（2019）将国家数字普惠金融指数和我国社会家庭追踪调查结果（CFPS）的数据分析结合，并经过大数据分析发现数字金融服务的蓬勃发展改善了农村家庭收入，其中以农业低收入人群受益程度尤其明显，数字金融的快速发展可以增加农业低收入社会家庭以及较低社会资本家庭的创新概率，从而有助于改变中国农村内部的收入分配情况。

（2）数字普惠金融的影响因素分析

焦瑾璞（2014）认为，移动网络的发展为许多欠发达区域金融发展提供了必要条件，特别是数字货币正在逐步扩大金融覆盖范围。李继尊（2015）指出，由电子商务和网络科技的高速发展而促进的中国网络金融，能够减少传统金融机构对物理网点的依赖，从而拥有更强的地域穿透性和成本优势，也有助于促进普惠金融的发展。吴金旺等（2018）通过对2011～2015年我国省域短面板数据的分析后发现，从内在影响因素来说，中国数字普惠金融业发展存在明显的空间集聚性；从外在影响因素来说，“互联网+”经济社会蓬勃发展及其互联网网络消费提升是各地区数字普惠金融蓬勃发展的重要驱动力，其中“互联网+”对数字普惠金融发展的贡献程度占据主导。孙英杰和林春（2018）选取2005～2015年省级面板数据，研究了普惠金融蓬勃发展的主要影响因素及其收敛性特点，结论表明，就国内市场来讲，宏观经济快速发展、政府行政干预和人力资本质量提升等都对普惠金融发展有着明显的促进效应，而市场化和信息化等则对其发展存在明显的遏制效应。

蒋庆正等（2019）发现，农村区域数字普惠金融服务的发展趋势，与农民收入水平、城市化水平、文化教育水平等呈显著正相关关系，其中农民收入水平与农村新型城市化水平在各因素中的重要性最高，而农村存款贷款比重、少数民族人口占比与农村数字金融服务发展水平呈负相关关系。田霖和韩岩博（2019）以风险容忍度和数字金融指标作为中国金融包容性的主要指标，并运用变异系数和欧式距离法，建立了互联网金融背景下中国31个省区市在2011～2015年的金融包容性指标和各地区资金需求指标、供给指数和社会指数，经过实证剖析“三度统一”的金融包容系统的主要影响因素以及贡献率，找出了直接影响各地区经济协调发展的主要短板：城镇居民平均可支配收入、平均居民生活消费支出、通信及服务类的居民消费者价格指数等对需求指标贡献很大，且金融包容相关影响要素的作用程度具有差异性。

（3）数字普惠金融的风险与监管

数字金融技术在促进金融服务创新、重塑市场格局、提升金融服务质量的同时，却也造成了巨大的金融风险与社会问题。自 2014 年起，中国政府工作报告基本每年都会提及“互联网金融”，其论调也逐步由评价其创新价值，转变为强调风险警示。目前，我国已建立了全世界最大的个人网络贷款行业（P2P），然而在 2016 年 8 月我国监管部门发布暂行的管制措施后，整个产业都弥漫着不安与紧张。

数字科技的迅速发展以及技术与金融的高度融合，为普惠金融的实现打下了扎实的基石。但随着数字普惠金融的出现，监管部门如何平衡其创新和风险的问题也随之而来。一是当前行业金融监管体系和传统金融行业运营格局之间的利益错配问题；二是现行法规、监督规范的出台落后于数字普惠金融服务迅速发展的问题；三是金融服务技术创新和风险管理之间的协调性问题。从中国数字普惠金融服务发展的深度与广度考虑，出台中国版本的“金融监管沙盒”时间已趋成熟（胡滨，2016）。黄益平（2017）对普惠金融的商务可持续性、市场化发展和政策措施整合状况，包括数字普惠金融的风险监管等作了深入研究，其认为普惠金融的核心是商务永续，关键点就是金融组织永续和客户服务永续。政府部门在过去的较长一段时间里，一直将推进普惠金融发展作为政策实施的一个重要关注点，数字普惠金融在我国能获得较快的发展，在很大程度上要归功于我国人民银行和财政部门所做的众多推进管理工作。数字金融服务或许能为普惠金融的蓬勃发展创造一种相当好的服务载体，从目前来看，除了个别领域（尤其是支付）外，其他领域的普遍金融性可能还没有普及，而且可得性也还尚有较大的进步空间。同时，数字信息安全面临很大的危险隐患，数字普惠金融已成为经营风险的集中爆发区。许多 P2P 平台都是问题平台，在支付、众筹和资金管理等领域都存在大量挪用资金、虚构标的的乱象。在实现数字金融创新的同时，迫切需要进一步加强监管力量。

截至目前，数字金融所展示的最大优势是支持普惠金融的发展。但除去上述技术优势，我国数字金融业的高速发展还得益于另外两条优势：正规金融机构供给不足与政府监管环境相对宽松，后者为中国数字金融的发展创造了相对宽松的环境，但同时也带来了许多混乱现象。在某些领域，如互联网贷款和智能投顾，无证上岗、庞氏诈骗等乱象频频发生（黄益平，2018）。同时，数字技术也为普惠金融增添了新的风险，使得普惠性监管难度大大提升。卫晓锋（2019）从数字普惠金融的基本含义入手，系统总结了其发展现状、面临的问题以及目前金融监管现状，并以数字科技与普惠金融结合的新视角，详细分析了面临的各类风险。面对前述风险，根据数字普惠金融的发展历史进展，系统阐述了金融监管的重要性，并探索形成了具体的金融监管架构，提出了具体的监管措施，其认为数字信息技术并不能改善风险的隐藏性、爆发性和传播性，反倒使得金融风险、科技风险、互联网风险等更易于相互叠加和传播，从而更加扩大了风险的影响。因此，为了有效避免和化解数字普惠金融的风险，需要进一步加强数字风险意识、明确行业界限、提升数字管理水平、加强混业监管、推动征信共享、减少数字鸿沟和健全社会保障制度（何宏庆，2020）。

2.2　关于乡村振兴的研究

放眼全球，当前不仅是发展中国家面临乡村衰退的现象，部分发达国家也隐藏着诸多乡村危机。从全球范围来看，为解决乡村发展存在的问题，国内外学者都进行了大量有益探索，乡村振兴逐渐成为国内外学者研究的热点方向。

2.2.1　国外研究现状

从国外的文献来看，大部分研究主要集中在土地利用问题对乡村振兴的启示，乡村旅游、乡村振兴的要素研究和战略研究上。

（1）土地利用问题对乡村振兴的启示

土地是农民最重要的财产，其具备多重属性，如资源、资本、资产，但是长期以来，农村普遍忽略了土地作为资本和资产的属性，限制了农村经济的发展，严重阻碍了农村可持续发展目标的实现。Guo 和 Liu（2021）在探索土地与农村发展之间关系的基础上指出，充分利用土地可以使农村经济得到良好发展，并强调要在生产、生态、生活等方面充分发挥土地功能。对土地的妥善利用也是乡村资源优化配置的重点问题，Huang 等（2020）以中国元千社为例，从微观的角度研究土地的优化利用，提出农村通过场所营造可以促进不同利益相关者之间的合作，更好地实现乡村资源的优化配置。在这个过程中，村民扮演着乡村转型的主角，社会和政府则成为该转型的重要角色，通过场所营造可以促进人地关系之间的协调发展，最终实现乡村土地的有效利用。Wu 和 Liu（2019）认为乡村振兴可以被认定为土地流转和乡村建设之间相互作用的过程，实现不同利益相关者之间利益的共赢。作为一种社会资源，土地可以推动我国城乡一体化发展战略的推进。

关于土地促进乡村振兴和农村可持续发展的研究，大多数学者主要从土地整改治理的特点、现状、潜在的问题以及如何整治以促进乡村振兴等方面展开。Zhou 等（2020）指出，中国土地整治在稳定耕地动态平衡、保障粮食安全等方面发挥了不可或缺的作用，同时，土地政治在社会效益、经济效益和生态效益方面均显示出其重要地位，因而在乡村振兴战略实施过程中土地问题逐渐成为学者关注的焦点。土地整治为乡村振兴提供了平台，并注入了新的活力，解决了资金、技术、产业等方面所面临的挑战，因此，在推进乡村振兴和区域可持续发展的过程中，需要进一步解决以土地为导向的难题。

（2）乡村旅游助力乡村振兴的研究

乡村振兴是促进乡村经济发展和实现乡村可持续发展的重要战略，同时也是全球化发展的必然趋势。近年来，学者们更加重视从旅游化的视角推进乡村振兴研究。Yang 等（2021）通过以辽东半岛的旅游胜地金石滩风景区为案例进行研究，发现在 1988 ~ 2016 年旅游化发展期间，农村农业产值翻了十倍，因而认为乡村振兴战略的实施有助于农村经济的发展，并建议地方政府应该加强开展与乡村旅游相关的项目，在促进当地经济发展的同时，提供更多的就业岗位。

乡村旅游也存在多种类型，例如，以田园综合体为导向的乡村旅游和以民俗文化为特色的乡村旅游，田园综合体类型的旅游更加强调农业与旅游的相互融合，重点在于延伸农业产业链，将旅游、科技、休闲、创意集于一体，而民俗文化特色的旅游主要聚焦于将传统文化融入生态、生产和生活中。Chen 和 Hu 等（2021）通过分析田园情结的综合因素、探讨田园综合体的运行特征，认为田园综合体的乡村旅游受到多种因素的影响，并指出乡村旅游作为中国农村改革方案的一次尝试，应该注重其运行机制的设置。Zhang 和 Chen 等（2021）在以武汉市新洲区曲北湖村景观设计为例进行乡村旅游研究时发现，民俗文化特色的乡村旅游遵循绿色生态和以人为本的可持续发展目标，进一步实现了乡村经济、文化、生态的全面升华。随着智能化、数字化技术的发展，智能旅游也逐渐成为一种新型的旅游模式，有力地推动了乡村振兴的实现。Zhao 和 Zhang 等（2021）从智能旅游角度探讨了乡村旅游的发展机遇，认为智能旅游是当前一种较为系统化且高度便捷的旅游模式，可以在此基础上继续加强乡村互联网信息系统建设以塑造更好的乡村旅游模式，助力乡村振兴战略的实施。

（3）乡村振兴的要素研究

在乡村振兴的要素研究上，很多学者认为乡村振兴战略的实现需要进一步培养相配套的科技专员、新型职业农民、农村创业精神以及团队合作，并充分挖掘乡村的基本功能。Chen（2019）通过对农村进行调查，认为中国农村主要有三大基本功能：一是保障我国粮食安全和重要农产品供给的职能；二是农村能够提供有效的生态屏障、良好的生态环境以及高质量生态产品的功能；三是乡村能够传承中华优秀传统文化。在对科技专员特质的研究上，Yan 等（2020）研究了农业专员推进乡村振兴战略实施的途径和模式，认为乡村科技专员有助于充分利用“人、技术、资金”三大要素，推动乡村农业效率提高、农民增收以及生活富裕，从而促进乡村振兴协调发展。Du（2021）对国内外职业农民的现状进行了研究，提出应该进一步培育并壮大新型职业农民规模，完善当前农业体系建设。更好地实施乡村振兴战略，是从根本上解决“三农”问题的重要举措。Gladwin（1989）对北佛罗里达州农村企业家的创新精神进行了研究，探讨了城乡企业家之间的差异，并认为乡村农民的创业精神是促进乡村振兴的重要因素。而对于乡村农民团队精神，国外学者 Korsching（1992）在对美国和加拿大农村进行案例考察时发现，小城镇农民的合作意识越来越强，通过相互之间的合作，可以进一步传播金融相关的知识，并有助于加强多个社区之间农业发展的联系和进一步拓展计划，更好地推动乡村振兴。

2.2.2 国内研究现状

我国实施乡村振兴战略是基于党的十九大对于现阶段社会的主要矛盾做出的战略抉择。近几年，乡村振兴主题成为很多学者的研究热点，国内对于乡村振兴的研究主要集中在乡村振兴的内涵、理论逻辑、实现路径等方面。随着大数据时代的来临，其研究内容愈加丰富。

（1）乡村振兴内涵的研究。

从我国乡村发展历史的角度看，乡村的衰退与在党的领导下不断加强乡村建设是一部百年乡村史。无论是在革命时期，还是在当今中国特色社会主义现代化建设时期，农业农村发展问题一直都是我国社会发展的总抓手，乡村振兴也是我国农业农村现代化建设的奋斗方向。从社会主义新农村建设上看，新时代乡村振兴的涵盖范围更广、内涵更加丰富。我国学者对于乡村振兴内涵的研究主要从以下几个方面进行探讨。

一是乡村振兴的基本含义。乡村振兴是在新时代的背景下，紧紧围绕“三农”问题，为加速促进我国农业农村发展现代化、进一步实现我国由农业大国过渡到农业强国的目标而实施的伟大举措，该战略体现了新时代“三农”任务的新要求。当前，中国特色社会主义已经进入了新的发展阶段，农业农村发展呈现了新的发展局面，城乡的融合发展也随之出现新的特点。“三农”问题成为新时代发展的短板，所以全面实施乡村振兴战略是进一步建设社会主义现代化的前提（廖彩荣和陈美球，2017）。从更为细化的角度上看，“乡村振兴”相比之前强调实施的“新农村建设”而言，其内涵更为丰富，乡村振兴战略强调的对象是乡村，而新农村建设则强调农村，说明乡村振兴战略所涵盖的基层群众对象更为广泛（李长学，2018）。同时，很多学者也从历史与现实的角度理解乡村振兴的基本内涵，从古至今，田园生活一直以来都是我国国人内心的憧憬，然而在改革开放后，乡村逐渐成为城市的从属部分，乡村的各种状况逐渐衰退，很多传统文化也在此情况下随之消失。因此，乡村振兴战略准确指向了我国当前乡村发展存在的重要问题，并进一步明确应该充分借助顶层设计的力量，改变从改革开放以来乡村从属于城市的现状，促进乡村与城市并行发展，让乡村真正成为人们向往的美好家园（马义华和曾洪萍，2018）。

二是乡村振兴的主要内容。乡村振兴的主要内容包括经济建设、政治建设、文化建设、社会建设和生态建设。李长学（2018）较为全面且具体地分析了乡村振兴的主要内容，他指出，在经济建设层面上，乡村振兴战略所强调的“产业兴旺、生态宜居、乡风文明、治理有效、生活富裕”中的“产业兴旺”并不单纯强调在数量上增产，而是十分注重通过供给侧结构性改革在质量上“提质”，进一步挖掘乡村所处地理位置的优势，促进新时代乡村三次产业融合发展；在政治建设层面上，乡村振兴战略明确了“治理有效”原则，更加注重治理的方法与方式，强调采取有效治理的体系进行相应的建设。关浩杰（2018）认为，在文化建设层面上，“乡风建设”是乡村振兴的灵魂，乡村文化在人们的心中具有独特的内涵，同时在文化传承上具有重要意义，这一层面上更加重视文化的保护与时代发展相适应；在社会建设层面上，社会稳定起到关键的作用，在这一层面上强调的“生活富裕”不仅仅指人们收入水平上的增加，同时也指精神和物质的提高；生态建设是乡村振兴的重要内容，“生态宜居”对乡村建设提出了更高的要求，强调对自然环境的修护和保护。

三是乡村振兴的战略重点。乡村振兴的战略重点在于四个方面，即促进三次产业融合发展、对传统文化的传承与建立创新机制、加强对乡村环境的保护和推动乡村有效治理以进一步稳定社会的发展（江维国等，2018）。在确定乡村振兴战略的重点时，应该进一步深入研究乡村振兴与乡村发展理念之间的内在关系，加强以“创新、协调、绿色、开放、共享”为指导的发展理念（徐美银，2019）。进一步地，乡村振兴的根本在于注重人的现代化，而教育是人们现代化发展的基础，乡村教育振兴可以带动民生，促进乡村经济更高质量发展，因而乡村教育振兴是乡村振兴的重要支点（戚万学和刘伟，2020）。

（2）乡村振兴的动力机制。

在现阶段，我国在实行乡村振兴战略的举措上存在诸多方面的动力机制，拥有多层次的动力来源，其中以信息化、数字化作为乡村振兴的重要动力来源，并结合文化产业与乡村旅游协同发展、乡村人才振兴、乡村思想政治工作等进一步助力乡村振兴战略的实施。在以信息化、数字化助力乡村振兴的研究上，大部分学者主要从农村电商发展、科技和数字普惠金融三个维度进行分析。在农村电商发展助力乡村振兴方面，陈婷（2021）认为“互联网+”背景下农村电子商务的发展进一步带动了乡村经济的发展，激发了人们的消费热情，促进了人们生活水平的提高。与此同时，电子商务在乡村振兴中发挥着不可或缺的作用，一方面，电子商务的发展带动了农村金融领域的进步；另一方面，电子商务的发展增加了大量的就业岗位，促进了社会稳定。近年来，随着农村电子商务的快速发展，直播助农成为乡村电子商务的创新发展模式，是电商与乡村扶贫相互融合发展的新兴产物。通过对贫困乡村地区提供一定的网络数据支持，有效带动了直播平台农产品的大量销售，为农村新兴产业的升级发展创造了条件，促进了乡村振兴的进展（李晓夏和赵秀凤，2020）。从宏观层面上看，电子商务的发展需要进一步深化科技发展，科技创新是促进乡村产业现代化的根本动力。乡村振兴在本质上是指农业农村现代化发展的过程，其关键点在于以科技带动乡村农业成果的转化，因此，乡村振兴战略要进一步依靠创新驱动发展（杨学忠，2021）。与此相适应，郎坤和靳生（2021）进一步指出数字在赋予乡村建设动力的同时，也为乡村振兴发展开辟了新道路。面对“三农”问题，数字金融的发展是重中之重，在提供数字普惠金融服务的同时，应该利用金融科技发展力量来解决“三农”问题，这也是实施乡村振兴战略的关键点之一（姜风旭，2021）。乡村数字普惠金融的发展对于有效解决“融资难”“融资贵”的难题具有重要意义。乡村数字普惠金融服务主要通过银行等金融机构向农村农业发展提供资金支撑，缓解农户规模化生产面临的经济难题，促进农村农业现代化发展和产业升级（吴杭琪，2021）。同时，数字普惠金融在赋予农村产业发展资金支持的同时，也进一步推动了农村科技水平的提高，从而为农村现代化产业的融合发展提供了技术支撑，打破了农村三次产业融合发展的障碍，是乡村振兴战略的有效助推剂（张岳和周应恒，2021）。

对于乡村旅游与文化产业协同发展的研究，耿松涛和张伸阳（2021）指出，现代化乡村旅游与文化资源相结合，进一步带动了具有差异化、独具特色的乡村旅游产业的发展，在推动乡村经济可持续发展的基础上对乡村振兴进行了赋能。乡村旅游是在乡村振兴的背景下为更好地发展农村经济而做出的战略举措，是实现乡村全面脱贫的中坚力量（徐忠勇，2020）。王琳丽（2020）、谭莉（2019）等学者一致认为乡村旅游产业正在逐步成为农村现代化发展的支柱产业之一，村民可以充分利用当地的文化产业与独特的资源更好地吸引游客，带动乡村经济快速发展，在推动经济发展的同时，也有助于打造环境优美的乡村，实现生态效益与经济效益的双丰收。

在乡村人才振兴研究方面，徐姗姗（2021）认为，乡村振兴的重点在于乡村人才振兴，培养一支高质量、结构数量合理的乡村人才队伍是实现乡村振兴战略的重要保障。同时，由于大部分村民的思想相对保守，乡村振兴需要加强村民的思想政治建设，带动村民积极参与乡村振兴战略的实施，助力乡村振兴目标的实现（高玉芹，2021）。

（3）乡村振兴的实现路径。

党的十九大"乡村振兴战略"的提出，为解决"三农"问题提供了引领纲要。近年来，乡村振兴发展战略逐步融入农村经济发展之中，引起了社会的广泛关注，众多学者开始探寻乡村振兴战略的实现途径。不同学者对乡村振兴的实现路径具有不同的观点看法，已有文献关于乡村振兴路径的研究具有多样化的特点，总体来看，可以分为以下三大类。

第一类是研究乡村振兴的实现模式，即研究如何进行乡村振兴发展路径的选择。张雅光（2019）认为乡村振兴发展途径可以借鉴国外先进经验，通过综合分析日本、英国、荷兰等国家有关乡村振兴发展的方法方式，从我国国情出发，结合我国农村发展实际，指出中国乡村振兴需要坚持问题导向，构建具有中国特色的乡村振兴道路，创新化建设中国特色社会主义乡村振兴途径。具体来看，中国乡村振兴可以通过制度建设、基础设施建设、产业融合、人才资源开发和治理结构五个方面实现乡村振兴。此外，部分学者通过单独分析国外乡村发展的方式方法，为我国乡村振兴的实现提供了有益借鉴。陈兆红（2019）指出，美国通过立法、基础建设、乡村区域、社会保障和人力资源等途径进行乡村发展能够推动农民观念转型升级，为实现乡村发展提供动力支撑，从而为我国实现乡村振兴、缩小城乡差距提供经验；胡月和田志宏（2019）通过研究美国不同阶段推进乡村发展的演变，认为政府导向管理、城乡一体化、立法制度和有效互动是推动乡村发展的关键因素，在此基础上，利用中美两国重视乡村在社会经济发展中的重要地位，立足我国农村发展实际，对比学习美国在不同阶段调整乡村发展战略的经验，指出我国乡村发展的不足与不同，有利于更好地把握政策的地域性，走中国特色的乡村振兴道路。吴珍彩（2018）通过研究与我国具有类似国情的日本乡村发展之路，总结出日本主要通过推动产业融合、城乡互助、挖掘特色资源、突出传统文化、完善法规和现代化建设进行乡村发展，并认为我国可以借鉴其丰富的实现途径，结合中国特色，发展中国特色社会主义乡村振兴，充分发挥政府、城镇、文化等主体和资源的作用。进一步研究党的十九大以来我国乡村振兴战略的变化，分析不同视角下的乡村振兴特色，围绕乡村振兴战略实施的“国际因素”“时机条件”“矛盾问题”和“历史因素”的历史背景，提出乡村振兴的科学内涵是具有不同层次的理解说明，是中国共产党对于“三农”思想的重大创新，是实现中国经济可持续发展的需要。然而，由于不同学者看待乡村振兴发展问题的视角不同，导致实施乡村振兴战略的原则要求也有所差异。据不同学者研究观察，实施乡村振兴需要避开“一大误区说”至“五大误区说”，坚持“一大原则说”至“七大原则说”，因此，实施乡村振兴战略也具有不同推进维度的路径选择，能够为乡村振兴发展提供多样化经验（吴佩芬，2021）。

第二大类是认为我国乡村振兴可以选择不同的实现途径，主要研究如何去进行乡村振兴。一部分认为乡村振兴的重点在于解决“三农”问题，可以从农业、农村、农民三个角度进行分析。孙海燕和孟宪生（2018）指出，走中国特色社会主义乡村振兴道路是增强道路自信和推动现代化建设的重要依托。随着中国社会主义进入新时代，党中央着眼于广大农民切身利益，提出走中国特色社会主义乡村振兴道路，对于决胜全面建成小康社会和建设社会主义现代化强国具有重大意义。乡村振兴的实现，需要立足现实农情农力，从农业、农村、农民三个方面进行理解，并通过发展体系、治理体系、文化复兴和生活环境等途径进行探索；另一部分学者则主要聚焦于从不同视角探索乡村振兴的实际实现路径。乡村振兴战略的提出，意味着中国乡村建设顶层设计已经基本完成。乡村振兴离不开乡村文化振兴，其着力点主要在于乡村文化的产业化。郑芳（2018）通过对乡村文化和乡村产业化内涵的相关阐述，指出了影响乡村振兴发展的三大障碍，认为要遵循乡村文化规矩，利用市场化手段推动乡村振兴发展。同时，徐佳惠（2020）也认为乡村文化振兴是乡村振兴发展战略的根本，通过阐述乡村文化振兴的内涵意义，指出了乡村文化振兴对于中国国情和传统民族文化的重要性。当前，乡村文化面临阵地失守、建设主体流失和公共文化服务效果不佳等诸多问题，导致乡村文化振兴发展存在障碍，严重影响了乡村振兴战略的落实，因此，需要通过构建文化体系、吸引文化主体和完善服务体系进行乡村文化振兴路径探索，更好地推动乡村振兴战略平稳发展。此外，王平和王密兰（2018）通过构建我国“四大”地区的经济发展差异指标，提出城乡经济发展不平衡是制约我国经济发展的主要方面，其中以供需、行业和区域等为主要表现形式，并认为乡村振兴是破解城乡发展不平衡的关键，基于此，结合经济发展论和美国实践经验，立足我国农村发展和基本情况，提出可以通过健全法规、加强基础建设来促进城乡要素流动和实现城乡融合发展，进而逐步缩小城乡差距，推动经济正常、平稳发展。

第三类则是研究中国乡村振兴的思想和逻辑关系，分析不同因素下乡村振兴的发展特点。一部分学者认为绿色发展与乡村振兴发展密切相关，环境建设是乡村振兴的重要内容。十八届五中全会、党的十九大报告和中央一号文件中都对绿色发展和乡村振兴的内在关系做了诠释，认为“乡村振兴必须坚持人与自然和谐共生，需要以绿色发展引领乡村振兴”，绿色发展是乡村振兴发展的内在蕴含。杨世伟（2020）通过分析绿色发展与乡村振兴之间的逻辑机理，指出可以从机制、服务和工作三个层面通过绿色发展引领乡村振兴实现，切实推动乡村绿色发展有效转变。同时，李瑞鹏（2019）通过研究乡村振兴战略的理论内涵，认为产业、生态、乡风、生活和治理是乡村振兴战略的主要内容，具有不同的战略意义和作用地位。乡村振兴战略是全方面和全方位的，其最终目标是实现“农业强、农村美和农民富”。另一部分研究则关注乡村振兴实现途径的历史变化，注重分析乡村振兴的创新点和演变点。张海鹏等（2018）讨论了乡村振兴的不同时代历史背景，指出乡村振兴战略思想创新性地提出了对“三农”工作、农业农村建设和产业发展的要求，具有历史跨越性和融合创新性，认为乡村振兴可以从理念、改革、要素、产业和公共服务五个方面推进。同时，随着城市消费观念与消费结构的转变，田园风光逐渐成为稀缺资源，人们开始思考乡村的功能价值，乡村振兴与乡村生态振兴的关联性逐渐增强。阳盼盼（2019）通过研究乡村生态振兴的理论逻辑，指出乡村的多功能性和乡村生态是推动乡村振兴的动力器，因此，为更好地带动乡村振兴发展，需要通过树立多功能乡村理念、增强资源保障、提升治理有效性和增加经济发展动力等进行乡村生态振兴发展。

（4）乡村振兴的意义。

在计划体制时期，我国开始实行城乡二元划分体系。在此后的较长时间里，我国的战略都有明显的城市偏向。一系列的城市改革促进了城市的快速发展，但也导致了城乡差距的不断扩大。21世纪初，在国家政策的影响下，我国经历了大规模的城市扩张和经济增长，与此同时，"三农"问题也越发凸显。快速城市化导致城市规模扩大和工业园区建设延长，出现了农村衰落、城乡差距扩大和严重的农村问题（吴业苗，2019）。长期以来，农村职能主要定位于维持社会稳定和保障农民生计，致使传统农业结构一直得不到调整，现代农业仍需要进一步发展。自20世纪90年代以来，就不断有学者注意到我国农村存在的这些问题，并呼吁政府关注农村发展。我国政府对"三农"问题也非常重视，在不同时期通过不同的政策调整推动乡村发展。改革开放以来，随着工业化、城市化进程的加快，我国农业、农村现代化和城乡发展持续推进。但城乡差距的不断扩大始终制约着人民幸福感的获得，农村贫困仍然是中国农村发展的一大障碍，如果不解决这些问题，城乡协调发展和农民生活富裕几乎不可能实现。乡村振兴战略的提出为减少农村贫困和缩小城乡差距提供了契机，其提出城乡一体化发展道路是实现乡村振兴的首选。这是一个非常重要的概念转变，即重新平衡和重塑城乡关系，旨在创造一种以工农业相互促进、城乡互补、综合一体化和共同繁荣为特征的新型城乡关系。乡村振兴战略不同于以往的"村庄建设"和"社会主义新农村建设"，它强调了农村如何更好地发展的问题。在转向"发展"问题之后，乡村振兴战略调整了"城市化"的发展模式，同时注重在城乡一体化基础上优先发展农业和农村地区。乡村振兴战略还要求将"三农问题"提升到"升级版"，并对各子系统进行整体部署（闫书华，2021）。党的十九大提出实施农村振兴战略，不仅是优先发展农业和农村，解决中国农业、农村和农民问题的重大战略，同时也提出了解决新时期中国发展挑战的解决方案，即发展不平衡和不充分，特别是城乡发展不平衡和农村发展不足（黄祖辉，2018）。

2.3 数字普惠金融和乡村振兴关系的研究

近年来，我国经济快速发展，虽然保持了良好的发展势头，但随着城乡差距的扩大，农村发展明显滞后于城镇。因此，迫切需要促进农村和农民发展，缩小城乡差距。以数字普惠金融为代表的金融科技不断创新，打破了普惠金融领域传统金融的业务逻辑，提高了传统金融的触达能力，不断拓展普惠金融的服务边界，为解决农村普惠金融的基本矛盾提供了技术可行性。随着金融行业利用互联网和移动通信等数字技术广度和深度不断增加，农村数字普惠金融已成为大势所趋。关于数字普惠金融和乡村振兴之间的关系，已有众多学者做了有益探索。

2.3.1 国外研究现状

自 20 世纪 70 年代起，便有不少国外的专家学者开始关注金融发展对乡村经济增长的影响，研究方向涉及不同层级和不同角度。但“乡村振兴”的概念是由我国提出来的，因此，国外的研究大多聚焦于金融或数字普惠金融发展对“三农”的影响。

首先，大多数观点认为发展数字普惠金融能够赋能乡村振兴建设。Badulescu 等（2015）发现，与城市企业相比，农村企业的资金供给相对较弱，竞争力较低，而通过发展金融，可以为农村发展补充必要的资金，缓解农村的信贷约束问题，助力乡村振兴建设。Mckinnon（1973）认为，发展中国家的金融市场受政府影响较大，导致利率并不能单纯地反映市场信息，从而使资金难以实现最优配置，可能对经济发展产生不利影响。当乡村金融服务被广泛在乡村金融市场中提供时，市场中大量闲置资本能被积极使用，将持续高效激活乡村金融市场，进而帮助乡村经济实现繁荣发展。King 和 Levine（1993）对 80 个国家的数据做了分析，认为银行等金融机构是促进资本流动从而推动经济增长的关键机构，发展农村金融，通过在农村建立更多的金融机构和提供更加多元化的金融服务和金融产品来扩大金融体系，能够提高涉农主体的投资效率，进而对经济产生积极影响。Johnson（1989）认为金融是刺激乡村振兴必不可少的因素。Samolyk（1994）指出，受地理位置限制，农业和农村的增长仍然受到当地金融供给的影响，农村经济增长离不开农村金融的支持。Honohan（2004）认为，由于涉农主体与金融机构之间存在明显的信息不对称，容易引发逆向选择和道德风险，因而金融机构提供信贷资金的意愿较低，而通过金融供给侧结构性改革，能够极大限度地解决农村地区金融贷款难以获取的问题，有利于激发农村消费活力，带动当地经济发展。Klose和Outlaw（2005）指出，在科学的实务发展过程中，投入和收入往往是成正比的，在农村也是如此，投入的资金越多，生产力的发展也就越快，相对的农村发展也会进入一个高速期，相反的话农村发展会陷入停滞，甚至发生后退的情况，可见充足的金融供给对乡村发展意义重大。Corrado和Corrado（2017）则研究了普惠金融对经济发展的影响，认为普惠金融的发展为所有的群体特别是那些弱势群体提供了可负担的金融服务，使得涉农主体也能够制订长期的消费和投资计划，并保护家庭和企业免受不利因素的冲击，这样乡村也可以在金融的支持下充分利用经济和社会机会，走上可持续发展的道路。Haber等（2003）指出，金融发展主要通过供给主导（金融具有导向性，会刺激投资增长）和需求跟随（投资增长产生对金融的需求）为经济增长创造有利的条件，随着金融的发展，金融的可获得性越来越高，而成本却越来越低，优化了资源的配置，能够更好地助力乡村经济增长。Beck等（2007）认为缺失包容性金融制度将导致收入不平等持续加大、经济增速放缓。Gray和Boehlje（2007）认为金融的支持选择能为农村产业发展提供方向，即金融机构对农村产业和项目的选择性服务具有信息导向性，能够推动相关产业技术水平提高，带动经济发展。此外，Kim（2017）通过对发展中国家的分析，发现乡村经济的增长与当地的金融发展水平息息相关。Manyika等（2016）指出，农村普惠金融的发展，为穷人提供了获得信贷、储蓄和其他金融服务的机会，使他们能够直接享受到金融的减贫功能。Gomber等（2017）认为数字普惠金融的数字化信用体系建设能够健全农村信用体系和金融机构的风险控制体系，可以进一步拉动经济增长和促进收入分配优化，通过“涓滴”效应间接实现收入增长和脱贫的目标。Ozili（2018）认为数字普惠金融在助力包容性经济增长的同时，也伴随着数据安全、代理问题等诸多挑战，只有有效处理这些问题，才能真正发挥数字普惠金融的积极效应。

尽管大多数研究都认为金融发展有利于乡村振兴建设，但仍有部分学者发现数字普惠金融与乡村振兴之间并非显著的线性关系或金融发展不利于乡村振兴建设。Beck 和 Brown（2011）认为，受人口老龄化问题的影响，农村人口以老年群体居多，且受教育程度相对较低，对数字普惠金融等新型事物的接受能力也相对较低，在促进数字普惠金融发展方面还有较长的路要走，因此在短期内数字普惠金融还难以发挥对经济的积极效应，而随着人们金融意识的提升、基础设施的完善，数字普惠金融的积极效应将得以真正体现。Cournède 等（2016）则认为金融发展加剧了收入不平等，因为收入较高的人可以从更易获得的信贷中受益，而且其所从事的行业工资也较高。一般来说，有钱的人会借更多的资金，这样他们也更容易从他们所发现的投资机会中获得比他人更多的收益。

2.3.2 国内研究现状

国内关于数字普惠金融和乡村振兴关系的研究主要从直接作用和间接作用两个部分展开。从直接作用来看，现有研究认为数字普惠金融能够促进乡村振兴或两者之间存在非线性关系；从间接作用来看，数字普惠金融能在缓解信贷约束、促进农业转型升级、促进农村包容性增长等方面发挥积极作用，从而赋能乡村振兴建设。

（1）直接作用

陈亚军（2022）采用空间计量模型分析了数字普惠金融对乡村振兴的影响，发现两者之间存在显著的正向关系，借助数字普惠金融存在的融资效应、信息溢处效应、风险分担效应、增收效应和人力资本效应，能够促进乡村振兴建设。马亚明和周璐（2022）也认为数字普惠金融对乡村振兴具有正向的积极作用，创新和创业在两者关系之间发挥中介效应。尽管大多数研究都基于线性模型研究数字普惠金融和乡村振兴的关系，但也有部分学者认为两者之间并非简单的线性关系。田霖等（2022）发现数字普惠金融对乡村振兴的影响存在双门槛效应，在三个阶段内数字普惠金融都发挥正向效应，但以第一阶段效应较强，第三阶段次之，门槛之间的效应最弱。区别于以往发现的数字普惠金融和乡村振兴之间的正向关系，葛和平和钱宇（2021）认为两者之间存在“U”形关系，在初始阶段，数字普惠金融受基础设施不完善、人民金融意识淡薄等因素影响，难以发挥真正的作用；而随着数字技术的进步，数字普惠金融发展所需的条件都逐渐满足，能够很好地发挥其对乡村振兴的积极作用。现有研究对两者之间的关系尚未得出确切的结论，可能是因为在构建数字普惠金融和乡村振兴指数时学者们的理解存在一定差异。随着人们对两者内涵认识的加深，研究结论将更加真实。

（2）间接作用

第一，缓解信贷约束。

乡村振兴离不开乡村支柱产业的支持。马光荣和杨恩艳（2011）认为，涉农主体的创业行为受到多种因素的影响，包括国家政策、家庭因素和社会网络等，在自身满足创业条件时，资金便成为是否创业的关键因素。在传统金融背景下，出于成本的考虑，金融机构向农户提供贷款的意愿较低，即使愿意提供，借贷的资金通常也不会很多或信贷成本很高，而数字普惠金融借助数字技术能够极大地克服传统金融的缺陷，有效缓解偏远贫困乡村借贷紧张的难题。尹志超和张号栋（2017）的研究也表明，与传统金融造成的“金融排斥”不同，数字普惠金融能够凭借其技术上的优势让弱势群体也能享受到优质的金融服务。李国胜（2020）指出，农村地区普遍存在借贷信用环境建设滞后和信贷风险较大的问题。对于该问题，谢地和苏博（2021）认为通过大数据风控可有效减缓信贷风险问题，帮助金融机构从产业经营主体的需求出发，为其提供合理的金融服务。2018 年 2 月，国家发布的《乡村振兴战略规划（2018～2022 年）》中明确指出要“发展乡村普惠金融，指导大型商业银行立足普惠金融事业部等专营机制建设，加大对乡村振兴信贷支持，鼓励证券、保险、担保、基金、期货、租赁、信托等金融资源聚焦服务乡村振兴”。张林和温涛（2019）进一步通过实证分析发现，财政支农、农业信贷和农业保险三者协同配合可以更好地促进农村产业融合。贺力平（2002）和殷浩栋（2018）认为普惠金融能以其社区性特征所带来的信息优势降低信贷成本与信贷风险，缓解农村农业发展存在的信贷约束问题。

第二，促进农业转型升级。

产业繁荣是实施乡村振兴战略的重要组成部分，推动农业转型升级，对发展优质农业和建设现代农业产业体系具有很强的现实意义。刘西川和程恩江（2013）指出，农村产业目前仍面临产业链和供应链较短、产品附加值低等诸多挑战，农村产业转型升级刻不容缓。数字普惠金融能够为产业转型升级提供充足的信贷资金，优化资源配置，的确有利于农村产业结构的升级。罗超平（2016）也指出，金融发展对产业结构优化升级的积极作用在长期和短期内都能得以有效发挥。出于信息不对称和成本的考虑，传统金融机构通常不愿意向农村等弱势群体提供信贷资金，从而出现了“金融排斥”的现象，致使金融难以助力实体经济发展。而数字普惠金融的发展，大大提高了金融服务的可得性，降低了信贷成本，资金在产业间的分配更加合理，能够对产业结构升级产生正向促进作用（唐文进，2019）。田娟娟和马小林（2020）的研究发现，在数字普惠金融的助力下，农户有足够的资金可以将农产品进行深加工，增加农业附加值，延长农业产业链，推动农业向高附加值产业转型。尽管如此，但也存在一些不同的声音，张林和温涛（2021）通过对现实问题与破解路径的深入分析，发现农村金融市场以银行信贷为主的融资模式及其对低风险的偏好难以支持农业转型升级和农业现代化发展。

第三，促进农村包容性增长。

包容性增长的文献大多聚焦于其增长策略的制定，主要包含以下三个方面：一是累积型策略，即通过持续高效的投资推动包容性增长；二是分配型策略，即通过优化资源配置效率促进包容性增长；三是稳定型策略，即通过确保宏观经济稳定和有效的顶层设计推动包容性增长（傅利福等，2021）。

数字普惠金融对农村包容性增长的影响主要通过三个方面来体现：首先，促进城乡之间机会平等。依据 Romer 机会平等理论，促进机会平等，要注意补偿因环境造成的劣势，且不能忽视因环境影响造成努力差异的“偏环境问题”。因此，马超等（2017）认为，提高农村居民的机会可得性，应补偿其个人不可控的环境劣势并改善由此造成的“偏环境问题”。梁双陆和刘培培（2018）研究指出，缺少金融服务便是农村地区的一种主要环境劣势，这不仅严重影响了农村居民获取金融服务的机会，还影响了农村居民获取教育、就业、创业等其他机会。而通过发展数字普惠金融，能够为农村地区提供更广泛、更易触及的金融服务，不仅对此劣势进行了直接补偿，还促进了金融机会平等（肖龙铎和张兵，2017；刘新智等，2017）。

其次，促进经济可持续增长。李涛等（2016）认为普惠金融得以促进经济增长与可持续的关键是通过有效解决“金融排斥”问题和扩大金融体系覆盖范围，以降低穷人与小微企业的融资约束，提高资源配置效率。任碧云和张彤进（2015）的研究表明，一方面，数字普惠金融具有更强的客户触达能力，可以通过互联网、移动端为农村居民提供金融服务，进一步提高金融覆盖率；另一方面，数字普惠金融还能够为农村居民提供更多具有适宜性的金融产品与服务机会，增加了农村居民的信贷渠道（黄益平，2018）。

最后，有利于缩小收入差距。从直接路径来看，罗斯丹等（2016）研究都发现，普惠金融发展可以直接通过收入分配效应缩小城乡收入差距。从间接路径方面，朱一鸣和王伟（2017）认为普惠金融能够通过拉动经济增长、降低贷款成本以及提高人力资本渠道间接影响农村居民收入与城乡收入差距。

第四，减缓农村贫困。

数字普惠金融自身所包含的普惠属性就已经决定了其肩负着金融减贫的使命，其发展的一个重要目标就在于减少贫困。

从直接效应来看，吴金旺等（2019）以我国浙江嘉兴居民为样本，发现数字普惠金融具有显著的减贫效应。刘锦怡和刘纯阳（2020）指出，数字普惠金融利用互联网优势为贫困的农户提供了更多的就业机会，直接减缓了农村地区的贫困。

从间接影响来看，数字普惠金融会通过影响城乡收入差距、包容性增长、流动性约束等来减缓贫困。苏基溶和廖进中（2009）、邵汉华和王凯月（2017）研究发现，金融发展能够通过缩小城乡收入差距从而减缓贫困。马彧菲和杜朝运（2017）指出，普惠金融指数与包容性增长呈显著正向相关关系。郑秀峰和朱一鸣（2019）的研究表明，普惠金融通过增加个体就业和私营企业就业，使得其自身“造血”功能上升，从源头解决了贫困问题。张子豪和谭燕芝（2018）利用空间计量方法发现，数字普惠金融具有缩小城乡收入差距的作用，可以达到减缓贫困的目的。程恩江和刘西川（2010）以调研项目获得的小额信贷数据为对象，发现具有普惠性质的小额信贷机构将服务对象的要求进行转换后，在一定条件下缓解了农户的流动性约束，有助于增加农户家庭收入。同样，在随后针对数字普惠金融展开的减贫效应分析中，刘冬姣和庄朋涛（2021）指出，数字普惠金融的实施通过缓解居民的可支配收入、商业保险、教育医疗等多维流动性约束，使居民的风险抵御能力得到有效提升，从而进一步缓解了农村贫困现象。

第五，刺激居民消费。

数字普惠金融主要从以下三个方面对提升居民收入产生直接影响。一是数字普惠金融借助其技术优势，提高了金融可及性。杨艳琳和付晨玉（2019）研究发现，以数字普惠金融为代表的金融科技产品替代了传统金融中介的营业部和人工服务功能，从而减少了大量的人工成本和设备成本，降低了交易成本，使得更多的金融机构愿意为乡村提供金融服务，提高了金融产品和服务的可及性。二是数字普惠金融提供了支付、基金、保险、投资等更加多元化的服务和产品，增加了居民的消费选择。数字金融涵盖在线贷款、移动支付、智能互联网金融、互联网保险等各类创新产品，为居民的金融消费提供了更多的选择。以支付宝、现金贷款、各类 P2P 平台等新型金融模式为代表的消费信贷服务，拓宽了获得信贷的渠道，居民有更多的资金可以用于消费。王聪聪等（2018）认为互联网金融在提升金融效率、解决信息不对称、缓解长尾群体融资需求缺口等方面发挥了传统金融机构难以替代的积极作用。三是数字普惠金融的数字化程度能够显著提升金融服务效率和降低服务门槛。数字普惠金融利用贷款人在互联网上沉淀下来的大量行为信息，以大数据分析为手段，构建信用评估模型，显著降低了弱势群体的融资成本和融资风险。

第六，缩小贫富差距。

2021 年，我国脱贫攻坚战取得了全面胜利，国内关于数字普惠金融与扶贫减贫的研究也较为丰富。杨虹和王乔冉（2021）认为，在数字普惠金融的发展过程中，与城市的受益群体相比，农村的收益范围更广。一方面，市场上以小众险为补充的场景式的借贷服务平台，极大地缓解了农村的信贷约束，有效规避了经营风险；另一方面，互联网制度突破了时空的限制，提高了消费效率，通过带动生产促进了企业增收，增加了农民的工资性收入，缩小了贫富差距。与此同时，相关研究也指出，数字普惠金融对贫富差距的负向效应存在显著异质性。孙继国等（2020）的研究表明，数字金融对中西部地区的减贫效应大于东部地区，对农村的减贫效应大于城镇。顾晓安等（2020）发现，普惠金融发展对农村减贫存在显著的空间溢出效应。张晴和龚亮（2020）则发现，普惠金融发展对非贫困县域和省域、国家级贫困县域的减贫效应依次递减。

2.4 国内外研究评述

综上所述，国内外关于数字普惠金融和乡村振兴以及两者关系的研究已经取得了较大的成果，为本书探索数字普惠金融助力乡村振兴的作用机制提供了逻辑起点和理论基础，同时，学者们的实证研究为相关指标体系的构建提供了参考。从数字普惠金融的研究来看，学术界从小微金融、微型金融、普惠金融逐步拓展到数字普惠金融，主要对数字普惠金融的内涵和经济效应进行了研究。从内涵来看，数字普惠金融有别于传统金融，可以有效降低农村地区的交易成本，通过发展 ICT 来克服信息不对称，并增加缺乏抵押品的农民获得信贷的机会。总而言之，数字普惠金融被认为是缓解农民，尤其是弱势群体面临的金融约束的好方法。从经济效应来看，多数学者都对数字普惠金融持乐观态度，认为其在缩小城乡收入差距、改善生态环境等诸多领域都具有积极效应。但也有部分学者对数字普惠金融的风险产生了忧虑，认为数字普惠金融具有数字和金融的双重属性，兼具两者的风险，且其两者在交叉过程中也会生成新的风险，需要加强监管。从乡村振兴的研究来看，主要分为四个方面：一是众多学者试图解释乡村振兴的内涵，从基本意义、总体要求、主要内容、关键措施、主要目标等方面阐述了乡村振兴的内涵，为深化研究奠定了基础。二是梳理乡村振兴的发展历程一直是一些研究的重点，认为乡村振兴不仅吸收了马克思主义农村发展和融合的思想，而且继承和发展了马克思主义中国化的成果。三是调查了乡村振兴研究方法的应用。一类方法是以理论讨论为基础，通过深化理论研究构建研究框架；另一类方法是以案例为基础，探索乡村振兴从理论到实践的发展道路。四是众多学者关注到了乡村振兴面临的诸多难题，认为乡村缺乏科学的规划、制度和长效机制，高级的创业人才较少，在建设主体、资源支撑、产业基础、科技创新和公共服务等多个领域都有所欠缺，在此基础上学者们提出了相应的解决方法。

金融一直被认为是促进乡村发展的重要因素，但由于传统金融体系的逐利特征，广大的农民用户被排斥在金融服务之外，数字普惠金融的服务模式突破了时间和地域限制，在提高业务效率的同时降低了交易成本，进一步抢占了长尾市场。从已有研究来看，数字普惠金融在扶贫、金融创新等方面发挥了不可磨灭的作用，优化了金融环境，对小微企业的发展提供了有力支持。现有研究对数字普惠金融和乡村振兴关系的研究大多是从理论分析角度展开的，实证研究相对较少。仅有的实证研究主要通过构建相应的指标体系，从宏观角度分析两者之间的关系，而对其作用机制的研究相对较少。此外，数字普惠金融的研究主要从经济增长、环境改善、小微企业融资约束缓解等乡村振兴的细分领域展开，对整体的研究相对较少。总而言之，数字普惠金融和乡村振兴关系的研究已经取得了一定的成果，但尚未形成系统的研究体系，有待于进一步完善和深化。深入研究数字普惠金融对乡村振兴的影响和作用机制，进而提出相对应的数字普惠金融助力乡村振兴的政策建议，促使农村居民在享受更优质金融服务的基础上，通过数字普惠金融实现更好的发展，这对丰富数字普惠金融和乡村振兴的相关研究、融入数字和金融交叉融合的国际潮流以及解决我国城乡二元化问题等都具有重要价值。

通过对文献的梳理，可以发现数字普惠金融在助力乡村振兴过程中受到诸多因素的影响，在制定政策时需要在综合考虑各种约束条件的基础上，有针对性地加以实施。而目前对数字普惠金融助力乡村振兴实现机制的研究相对较少，严重制约着有效且可行的政策建议的提出。基于此，本书希望从时间、个体、空间等存在差异的角度，探索两者之间的作用机制，并结合我国数字普惠金融和乡村振兴未来的发展趋势，提出具有现实意义的数字普惠金融助力乡村振兴的政策建议。

| 第3章 |

相关概念和理论基础

3.1　相关概念

3.1.1　数字金融

近几年，移动互联网、人工智能、大数据、云计算、区块链等新一代数字技术与金融结合，形成了互联网金融、金融科技、数字金融等概念或业务形态。互联网金融、金融科技以及数字金融，从概念范畴看具有相似性特征。数字金融泛指传统金融机构与互联网公司利用数字技术实现融资、支付、投资和其他新型金融业务模式（黄益平和黄卓，2018）。这一概念与2015年中国人民银行等十部委《关于促进互联网金融健康发展的指导意见》中定义的“互联网金融”（传统金融机构与互联网企业利用互联网技术和信息通信技术实现资金融通、支付、投资和信息中介服务的新型金融业务模式）以及金融稳定理事会（Financial Stability Board，FSB）定义的“金融科技”（通过技术手段推动金融创新，形成对金融市场、机构及金融服务产生重大影响的商业模式、技术应用、业务流程和创新产品）基本相似。2019年，中国人民银行发布《金融科技（FinTech）发展规划（2019～2021年）》，其中“金融科技”的定义与金融稳定理事会的定义一致。

科技与金融的加速融合以2013年余额宝的推出和火热增长作为典型标

志，之后在发展过程中形成了网络借贷（Peer to Peer，P2P）、众筹、现金贷等互联网金融产品创新形态，但也滋生出众多问题。2018 年以后，虽然科技与金融的融合依然受到监管方的支持，但实际上金融科技创新的核心已经回归到持牌金融机构，并确立了金融业务必须持牌的监管红线。因此，数字金融在范畴上更加立足金融，也更被目前的业界所接受。

按照北京大学数字金融研究中心副主任黄卓（2018）的研究，数字金融在中国主要有两种表现形态：一种形态强调数字金融的科技属性，与金融科技的概念比较接近，指利用移动互联网、大数据分析、人工智能、云计算等最新的数字技术来帮助金融机构解决传统金融业务模式中的痛点，这也是发达国家数字金融的主要表现形态；另一种形态强调其金融属性，与互联网金融的概念更为接近，即互联网科技公司利用数字技术提供以移动互联为主要特征的替代性金融服务，来弥补传统金融服务的短板。

3.1.2　普惠金融

普惠金融的含义较为宽泛。不同学者或者机构对其有不同的定义。根据 Nanda 和 Kaur（2016）的定义，普惠金融是指获得金融服务机会的可得性和平等性。根据 Sarma（2008）的定义，普惠金融是确保所有社会成员便利地获得、支配与利用正式金融体系服务的过程。根据世界银行与中国人民银行 2018 年的报告《全球视野下的中国普惠金融：实践、经验与挑战》，普惠金融是指个人、小微企业（MSEs）能够获取和使用一系列合适的金融产品和服务，这些金融产品和服务对消费者而言便捷安全，对提供者而言商业可持续。按照世界银行《2014 年全球金融发展报告：普惠金融》的定义，普惠金融"一般被定义为使用金融服务的个人和企业的比例"，这个比例越高，普惠金融的实现程度越高。

普惠金融特别关注对一些边远地区、分散农户、小微企业和社会低收入者等特殊群体的金融服务，但不仅仅关涉这些群体，而是关乎所有的人。普惠金融有两层含义：第一层含义是广义的普惠金融，是指一个金融体系向所有需求者开放获得和利用各种金融服务的机会，最大限度地满足其有效金融服务需求，无论他们是高收入者还是低收入者、城里人还是乡下人、农民还是工人、大企业还是微型企业，无论这些人或者企业是处在中心地带还是边远地区。普惠金融的第二层含义是狭义的普惠金融，指接纳和包容边远地区、分散农户、小微企业和社会低收入者等特殊群体，向其开放获得和利用各种金融服务的机会，以快捷便利的、商业可持续的、对于这些群体成本可负担的方式最大限度地满足其有效金融服务需求。第一层含义即广义的普惠金融包含第二层含义即狭义的普惠金融。“商业可持续”和“成本可负担”并不是指一定是低息微利，也可包括计取商业金融部门的商业信贷利率或者合作金融部门的合作信贷利率。这些利率其实是商业可持续利率，对于获得贷款的借款人而言，贷款成本是可负担的。

无论是第一层含义的广义的普惠金融，还是第二层含义的狭义的普惠金融，普惠金融不等于只涉及小额信贷或者微型金融，也不等于只涉及小型需求主体。主要的甄别标准不是单项金融服务或者需求主体的规模，而是这些金融服务需求主体是否完全或者部分被排斥在金融系统之外。例如，当前的金融服务没有从广度或深度上覆盖一大部分现代农业经营主体，那么这部分现代农业经营主体就是广义和狭义普惠金融服务的对象。

目前政府和学术界谈到普惠金融，一般只指涉第二层含义的普惠金融。这是为了便利研究如何在金融服务提供上包容特殊群体，而不是说普惠金融就是单指第二层含义。按照《推进普惠金融发展规划（2016～2020年）》，普惠金融是指立足机会平等要求和商业可持续原则，以可负担的成本为有金融服务需求的社会各阶层和群体提供适当、有效的金融服务。小微企业、农民、城镇低收入人群、贫困人群和残疾人、老年人等特殊群体是当前我国普惠金融的重点服务对象。这一定义明显强调狭义普惠金融是重点服务对象。这里“以可负担的成本”还没有明确的定义。这一概念实际上一方面继续强调商业可持续要求，另一方面隐含强调利息尽量下调。这一概念实际上更适合特殊群体，但是不大适合中高收入群体，后者要求的只是能够较好地，尤其是最大限度地满足其有效金融服务需求，但不强调金融服务提供成本或者其享受金融服务的成本是否压得很低。

总之，狭义普惠金融的实质是向过去金融机构不愿或难于服务的被这些金融机构完全或者部分排斥的城乡低收入群体、小微企业、农民、伤残人员、老年人等特殊群体提供获得和利用各种金融服务的机会，最大限度地满足其各种金融服务需求，并实现自身的商业可持续。这些特殊群体应该能够获得便捷的、成本可负担的（包括完全商业定价或者保本微利的定价方式）、安全有效的各种金融服务。这些金融服务则包括存款、贷款、汇款、结算、保险、投资和直接融资等狭义普惠金融的供给方是多元的，可以是正规金融，也可以是准正规金融，甚至是非正规金融。

无论是广义还是狭义普惠金融，它的出发点和落脚点都是要提升金融服务的覆盖率（包括广度和深度）、可得性（所需求的各种金融服务可获得）、满意度（服务质量和水平令人满意），最大限度地满足所针对需求主体的各种金融服务，尤其是上述特殊群体的金融需求，而无创收能力的社会救济对象不属于普惠金融的服务对象。商业不可持续的扶贫补贴信贷或者免息信贷运作模式也不属于普惠金融，而是特惠金融。

3.1.3　数字普惠金融

2016 年的《G20 数字普惠金融高级原则》将数字普惠金融定义为“一切通过数字金融服务以促进普惠金融的行动”。可见数字普惠金融代表着“数字金融”与“普惠金融”的融合，金融机构通过开展数字金融服务促进普惠金融发展。2021 年的中央一号文件，数字普惠金融作为一个固定提法被首次写入：发展农村数字普惠金融，支持市县构建域内共享的涉农信用信息数据库……大力开展农户小额信用贷款、保单质押贷款、农机具和大棚设施抵押贷款业务，并鼓励开发专属金融产品支持新型农业经营主体和农村新产业新业态，增加首贷、信用贷。从那时起，数字技术的定语与普惠金融的词根，结合为一个固定词组，在中国农业农村政策的顶层设计中亮相，并被寄予了厚望：农村普惠金融期许数字技术实现新的破局。刚刚发布的 2022 年的一号文件，再次对数字技术进入乡村提出了期许：推进智慧农业发展，促进信息技术与农机农艺融合应用。加强农民数字素养与技能培训。以数字技术赋能乡村公共服务，推动“互联网 + 政务服务”向乡村延伸覆盖。着眼解决实际问题，拓展农业农村大数据应用场景。加快推动数字乡村标准化建设，研究制定发展评价指标体系，持续开展数字乡村试点，加强农村信息基础设施建设。

数字技术对普惠金融具有以下推动作用[①]：

（1）打破了时间和空间限制。基于显著更少甚至无人工干预，数字技术帮助普惠金融服务打破了时间的限制，极大地提升了服务效率；与此同时，基于显著更少甚至无接触形式，越来越多的服务通过移动终端和网络来完成服务，数字技术也推动普惠金融服务打破了空间的限制。

（2）降低了成本。数字技术在普惠金融领域的应用降低了金融服务的渠道成本、信息成本，并使得一些从前因为成本不经济而供应不足的服务持续存在。随着用户量、交易规模的不断提升，基础银行服务的边际成本有望进一步下降。同时，随着自然语言解析等人工智能技术的成熟，越来越多的金融机构开始采用智能客服系统，仅将难以处理的复杂问题留给人工客服，大幅降低了客服成本，也通过减少简单重复劳动提升了人工客服的价值感。

（3）创造了更贴近需求场景的金融服务。不同于传统上客户去找金融机构寻求服务的模式，数字技术影响下的金融服务创造更多的产生在数字生产和生活的需求场景中，尤其是数字支付支持下的数字信贷、互联网保险和互联网理财服务。

（4）分散了金融风险。从金融机构的角度来看，基于稳健的风控模型、完善的基础设施和风控制度，数字技术可以帮助机构更好地识别潜在风险，采用更精准的业务可持续定价策略；从金融消费者的角度，尤其是对中小净值的投资者而言，数字化的理财平台提供了更多的低门槛选项，有利于提升资产配置的均衡性、分散投资风险。

（5）丰富了市场结构。数字技术显著降低了金融服务的门槛，服务了更多长尾客户，丰富了诸多细分金融市场的结构，体现了其包容性的特点。

从以上的定义中可以看出，数字金融、普惠金融和数字普惠金融是一组既相互区别又相互联系的概念。数字金融强调“数字”与“金融”的结合，普惠金融强调金融服务的对象是相对的弱势群体，数字普惠金融则是两个概念的有机结合，强调利用数字技术去更好地服务弱势群体，使其也能享受到优质的金融服务。与数字金融相比，数字普惠金融视小微企业、农民、城镇

---

① 中国人民大学中国普惠金融研究院．中国普惠金融发展报告（2021）［R］．中国人民大学中国普惠金融研究院，2021.

低收入人群等弱势群体为重点服务对象；与普惠金融相比，数字普惠金融强调数字技术应用的重要性。本书的数字普惠金融是一种较为广义的数字普惠金融，更多地强调数字普惠金融在乡村发展中的应用，例如，为农户提供的小额信用贷款、针对新型农业经营主体特点开发的专属贷款产品以及为农村创业创新提供的专项贷款等。

3.1.4 乡村振兴

乡村振兴战略将关系国计民生的农业、农村、农民问题作为根本性问题，始终把解决好“三农”问题作为全党工作的重中之重。坚持农业农村优先发展，按照产业兴旺、生态宜居、乡风文明、治理有效、生活富裕的总要求，建立健全城乡融合发展体制机制和政策体系，加快推进农业农村现代化。

反观近三年的中央一号文件，乡村振兴建设在政治建设、经济建设、生态建设、文化建设等方面都采取了措施。在政治建设方面，从打好精准脱贫攻坚战到坚决打赢脱贫攻坚战，全面加强与完善党的基层治理，坚持对“三农”工作的领导，落实农业农村优先发展。在经济建设方面，始终将重点放在发展乡村产业与农产品供给，促进农民持续增收上。在生态建设方面，着力推进乡村建设，打造美丽乡村，促进绿色发展。在文化建设方面，推动人才下乡，发展乡村文化。

乡村振兴包括产业振兴、组织振兴、生态振兴、文化振兴、人才振兴五个方面。实施乡村振兴战略，是解决人民日益增长的美好生活需要和不平衡不充分的发展之间矛盾的必然要求，是实现“两个一百年”奋斗目标的必然要求，是实现全体人民共同富裕的必然要求。2018 年中央一号文件以习近平新时代中国特色社会主义思想为指导思想，到 2020 年乡村振兴取得重要进展，制度框架和政策体系基本形成。到 2035 年乡村振兴取得决定性进展，农业农村现代化基本实现。到 2050 年乡村全面振兴，农业强、农村美、农民富全面实现。实施乡村振兴战略，应坚持党管农村工作，坚持农业农村优先发展，坚持农民主体地位，坚持乡村全面振兴，坚持城乡融合发展，坚持人与自然和谐共生，坚持因地制宜，循序渐进等多方面要求。乡村振兴战略自2017年10月党的十九大报告提出以来，经过不断的完善与更新，在2020年打赢脱贫攻坚战，脱贫攻坚圆满收官，实现了全面建成小康社会。在“十四五”规划中，我国提出了高质量发展的目标要求，确保脱贫攻坚成果的巩固和防止脱贫后返贫的一系列问题，为我国实现“两个一百年”的奋斗目标和中华民族伟大复兴的中国梦助力。

在以往的文件中，提到的更多的是“新农村建设”，从“农村”到“乡村”的转变，实际上是把“三农”问题全部涵盖进来。“乡村振兴”是相对于快速工业化、城市化进程中出现的一定程度上的“乡村衰落”而言的，尤其是乡村的“老龄化”“空心化”等趋势日趋明显而言的。本书的“乡村振兴”是参照《乡村振兴战略规划（2018～2022年）》的内容，从“五个振兴”角度来构建乡村振兴指数的。

3.2 理论基础

3.2.1 信息不对称理论

信息不对称理论是信息经济学的一个重要分支。在古典经济学中，亚当·斯密（Adam Smith）提出“看不见的手”可以调节市场实现均衡，这一结论成立的前提条件为信息是充分和对称的，这相当于从信息不对称的对立面构建了古典经济学理论的基础条件。伴随着古典经济学的日臻完善，越来越多的学者开始打破原有假设条件的限制，更多地基于信息不对称这一更接近现实的条件对经济现象和规律展开深入研究。威廉·鲍莫尔（William Baumol）最先将信息分为完全信息和不完全信息，并分别分析这两种信息对社会福利产生的影响；随后，赫伯特·西蒙（Herbert Simon）在研究中发现市场参与者的有限理性是导致信息不完全的原因。在前人努力的基础上，乔治·阿克洛夫（George Akerlof）于1970年发表了论文“*The Market for Lemons*”，首次形象地分析了信息不对称问题，为信息不对称理论的形成奠定了基础。在他研究的基础上，阿罗（Arrow）、斯彭斯（Spence）和斯蒂格利茨（Stiglitz）等学者对信息不对称问题展开了深入研究，并将相应的研究拓展到金融市场。

信息不对称理论分解了不对称信息的内容。从发生时间维度，分为事前和事后不对称信息。事前信息不对称会造成“逆向选择”，而事后信息不对称会出现“道德风险”。以信贷市场为例，由于农户市场参与度低，在向其提供贷款时，银行无法充分获取其经济信息，从而对农户的信用程度无法作出评判，为了保证信贷资金有效收回，会通过抵押物或利率进行控制，而农民缺少相应的抵押物，在这种情况下，银行会提高利率对农民进行约束，以降低不良贷款率。但与此同时，农业作为弱势产业，农户从事农业经营活动收益低下，在高利率面前，风险规避型农民由于担心无法偿还本金利息而放弃申请贷款。相反，对于风险偏好型农民而言，他们会冒险将信贷资金用于高风险项目，从而会积极申请贷款。这样就产生了事前的逆向选择问题，在高利率面前，信贷申请者中风险偏好型农民的比例高于风险规避型农民的占比。在审批贷款之后，因为银行无法对农户投资的项目进行有效监督，且农民的生产性资金与消费性资金往往不会做区分，导致信贷资金常常用于非生产领域或高风险的项目，如用于赌博等，使其难以按期归还本息，即发生所谓的“道德风险”。

根据信息的内容进行划分，不对称信息主要包括行动信息和知识信息，其中，前者主要指一方参与人行为对另一方具有不可预知性，后者则主要是指一方参与人的知识条件（或信息）对另一参与方来说不可知。农户在获得信贷服务后，隐瞒银行将资金用于非生产项目，导致在生产性投资项目上的努力程度不够，这不仅使本金无法收回，而且会降低金融服务的增收功能，不利于农户收入的增加，由此产生的道德风险问题对农户和银行均不利。同理，如果农户为了获得贷款而隐瞒不利银行的信息，导致银行将信贷资金错配给不合适的农户，最终会使农村金融服务效率降低，不利于金融功能的发挥。此外，农户将资金用于生产性投资，当出现或将要出现风险时，会隐瞒风险的等级，以获得银行的持续贷款，而这无疑会落入恶性循环的“陷阱”。

3.2.2 农村金融发展理论

农村金融发展理论自20世纪六七十年代开始出现，并经历了从金融外生理论到金融内生理论的演变。在金融外生理论方面，主要基于政府在农村金融发展中的作用，将其划分为三种流派。在 80 年代以前，农村金融发展理论主要被管制论所掌控，该流派产生的背景是第二次世界大战结束之后，发展中国家百废待兴，尤其是农村地区异常贫困，没有储蓄能力，经济发展面临资金短缺，需要政府从外部注入政策性资金；80 年代到 90 年代早期，伴随新古典经济学的发展，主张放松管制和倡导自由市场主义的思潮逐渐兴起，农村金融理论中出现了市场论的流派；自 90 年代以来，由于发展中国家和新兴国家金融动荡的出现，让人们意识到过度强调自由主义带来的不利影响，并重新考虑政府适当干预在农村金融发展中的作用，于是形成了农村金融市场不完全竞争论这一流派；在金融内生发展理论方面，同样是在 90 年代之后，学者们开始重视农村金融与农村经济增长之间的相互作用（王曙光和李冰冰，2013）。

农村金融发展理论的三种流派，主要是基于政府在农村金融发展中的作用进行划分的。农村金融管制论非常看重政府的支持作用，认为农民没有储蓄能力，农村经济发展面临资金短缺的困境，同时，由于弱质性（收入波动大、投资周期长、收益较低）的存在，商业性金融机构不愿意服务农村。因而建议采取的相应政策措施为：人为压低农业贷款利率、向农民提供定向信贷服务和指导性贷款、取缔民间金融组织。尽管这些政策主张有助于实现农村经济的暂时性恢复增长，但也存在负面效果，例如，低息贷款并未真正进入贫困农户，而是被富裕的农户所使用，产生了“溢出效应”，此外，这种“输血式”的金融支持行为不可持续。

3.2.3 普惠金融理论

当前普惠金融理论的内容主要包括普惠金融的内涵、普惠金融发展的影响因素和普惠金融发展带来的绩效三个方面。普惠金融的内涵主要包括金融服务的可及性和可得性。其中，可及性主要从金融服务的可接触性角度得以体现；可得性则指的是有金融服务需求的群体能否获得金融服务（Zheng and Xie，2020）。由此可见，可及性增加了接触正规金融服务的机会，而可得性则降低了获取金融服务的门槛。

在影响因素方面，普惠金融理论更多地借鉴了金融排斥理论的内容，把影响因素划分为地理排斥、进入排斥、条件排斥、价格排斥、营销排斥和自我排斥六个维度。其中，地理排斥是因金融机构地理位置远离客户，当他们需要服务时，无法及时获得服务的状态；进入排斥指的是通过风险评估程序限制弱势群体获取金融产品或服务；条件排斥主要指金融机构在向弱势群体提供金融服务时，与其他群体相比，会额外增设一些条款（如担保、抵押要求过高等）；价格排斥从字面意思可以理解为因金融机构制定了过高价格的产品或服务，使得被排斥人群无力承担这一价格而放弃金融服务的情况；营销排斥是指金融机构在拓展业务市场时，往往因贫困地区风险过高、效益低下等原因，对其进行主观忽视，缺少向该地区或人群提供服务的动力；自我排斥则是由于金融服务需求者自身原因而导致无法获得金融服务的状况，这部分原因可以归为两类：一类是因自身缺乏金融知识，对金融产品或服务不了解，不知道金融产品或服务有哪些，无法参与到金融市场中；另一类是尽管对金融产品或服务相当了解，但是考虑到业务办理程序复杂，主动放弃了相应的金融产品或服务。

普惠金融理论认为，通过提供平等的金融发展权利，有助于促进经济绩效和社会绩效的提升。在经济绩效方面，普惠金融理论更多的是从金融发展的广度上解释金融对经济增长的影响（李涛等，2016）。其作用渠道是：通过金融体系覆盖率的提升，让所有有金融需求的人，特别是贫困人口等获得多元的金融产品或服务，让他们有机会借助金融资源进行高回报项目的投资，提高资源配置效率，进而打破纳克斯提出的“低收入→低储蓄→低资本形成→低生产流程→低产出→低收入”贫困恶性循环，实现经济的增长。在社会绩效方面，普惠金融的发展有助于实现社会的可持续和包容性增长。首先，普惠金融可以使财富分配到宽广的社会阶层中去，富人的财富可以借助金融杠杆去服务贫穷人群，而不仅仅将金融看作富人的金融，从而缩小财富差距、维护社会稳定；其次，穷人获得金融服务后，可以通过投资教育、购买医疗养老保险、购买生活消费品等，提高自身的福利水平，实现整体社会的帕累托改进（贝多广，2015）。

农户金融是普惠金融发展的重点领域。相对于城市家庭而言，农村家庭金融服务现状不容乐观。金融机构多数位于城镇等经济发达地区，由此农户受到严重的地理排斥。农户与银行之间遥远的距离，导致信息不对称问题突出，银行在授信时，出于风险可控的考虑，往往将农户评为高风险客户，产生“惜贷”现象，从而形成进入排斥；农户具有收入低下、抵押物缺乏和农业生产的周期性等特点，而银行的金融产品往往附加严格的条件，如理财产品的起购额较高、贷款产品需要价值较高的抵押物等，从而形成条件排斥；银行对农户授信面临较高的经营成本和风险成本，在确定贷款利率时往往较高，农民担心到期后无法偿还利息，转而放弃贷款申请，从而产生价格排斥；商业银行以追求利润最大化为目的，在选取服务对象时，更愿意将高净值客户作为首选，相应的金融产品或服务围绕他们进行设计，而不愿意为农户提供相应服务，即农户会面临一定的营销排斥；与此同时，农民金融素养不高，对金融产品或服务了解不够深入，会自愿放弃享受正规金融服务的权利，存在相当严重的自我排斥现象。基于上述分析，可以发现，农户是金融排斥的“重灾区”，是普惠金融发展的重点对象。

3.2.4 不完全竞争市场理论

自20世纪90年代始，在美洲、亚洲等一些国家出现了经济动荡、债务危机等，充分说明市场这只“看不见的手”存在很多的局限性，必须借助于政府这只“看得见的手”进行干预和调节，以稳定金融市场，促进经济发展。因此，不完全竞争市场论成为农村金融理论的主导观点。该理论认为，发展中国家的金融市场是一种不完全竞争市场，信息不对称的现象普遍存在，金融机构处于信息劣势，无法依靠市场力量培育出社会所需的金融市场。因此，必须借助于非市场因素弥补“市场失灵”，主要表现为政府应对农村金融市场进行间接调控。

不完全竞争市场理论的代表人物——施蒂格利兹和维斯（Stiglitz and Weiss，1981）运用信息经济学分析工具分析农村金融市场，认为农村金融市场之所以存在“市场失灵”是因为以下原因：（1）市场对于“公共品灾难”缺乏有效的监管机制；（2）金融中介机构应承担项目选择、资金监控等信贷责任，而信贷具有一定的外部效应；（3）金融中介机构的破产可能引发市场恐慌，具有外部效应；（4）在资本市场上，信息是不完善的，缺乏有效的风险监控机制；（5）由于信息不对称，农村金融市场是不完全竞争市场；（6）由于市场的不完善性，导致信息搜寻成本较高，因此竞争性市场帕累托无效率情况普遍存在；（7）由于信息不对称，投资者缺乏必要的、充足的信息问题。

霍夫和施蒂格利兹（Hoff and Stigltz）认为，由于农业的弱质性以及信息不对称问题的存在，政府适当介入以补救市场失效是非常必要的，可通过以下几个方面的特殊政策：（1）政府应使宏观经济保持低的通货膨胀率，为农村金融市场提供稳定的环境；（2）政府应有步骤、有计划地实行利率市场化改革，利用政策手段维持正的实际利率，防止存贷款利率过度波动；（3）政府应实施特定政策和保护措施，如提高农村金融市场的进入门槛、限制新参与者过度参与等；（4）政府应在保护银行基本利润和权益的基础下，向特定部门提供低息贷款等政策性金融方式；（5）政府应鼓励借款人通过合作获得信贷支持；（6）政府应通过担保融资、互助储金会等办法降低风险，改善信息的不对称性；（7）政府应将融资与实物买卖相结合，强调借款人的组织化等非市场要素形式，增大贷款按时收回的概率；（8）政府应适当介入非正规金融市场，适当通过间接、政策性的方法，提高非正规金融市场的效率。

总之，不完全竞争市场论运用信息经济学分析工具分析农村金融市场，因而更加符合中国等发展中国家的农村金融实际情况。但是曹协和（2008）指出，政府干预解决“市场缺陷”，往往导致这样一个悖论：政府与市场相比，善于运用众所周知的全局知识，但不善于运用散布于不同地方和不同时间的局部信息。因此，可能会导致“用政府之所短替代市场之所长”。

3.2.5　农业金融市场理论

20世纪80年代，农村金融市场论在批判农业信贷补贴论的基础上，同时接纳了金融深化和金融抑制理论的观点，开始出现并行发展。

农村金融市场论的假设前提与农业信贷补贴论完全相反，强调市场机制对农村金融体系的作用，具体包括以下方面：第一，农民及农村贫困人口具有储蓄需求和能力；第二，若存款利率过低，储蓄者存款意愿会降低，从而农村可获得资金存量较少，会阻碍农村发展速度；第三，农村金融机构对体系外资金的依赖过大，导致农村和农民的还款意愿和资金回收率大大降低；第四，农业收益不确定、农村信贷的风险和成本较高，因此农村非正规金融的高利率是可以理解和接受的。

在上述假设条件下，农业金融市场理论认为，政府对农村金融的直接管制和人为压制导致了农村资金的匮乏，而利率自由化可以使金融机构通过利率调整补偿其经营成本，一方面给商业性金融机构更大的盈利动力；另一方面可以动员农村储蓄资金，解决农村和农业的资金来源问题。该理论主要包括以下内容：（1）农村金融机构应积极动员农村储蓄，将资金从盈余部门向短缺部门转移，发挥农村信贷的中介作用；（2）市场决定利率，扣除通货膨胀等各种因素，实际利率不应为负，以实现对农村的储蓄动员及平衡资金供求；（3）评判农村金融体系质量应当以农村金融机构的资金中介量、经营可延续性和独立经营能力为基本标准；（4）实行面向特定人群的信贷政策是不必要的；（5）农村非正式金融是农村信贷市场竞争的结果，具有存在的合理性和必要性。

但是，农业金融市场论过分强调市场的功能，也受到理论界和学者的质疑。例如，在利率市场化下，对农业、农村和农民的利率上升，导致信贷总需求降低，贷款成本增加，而且农民缺乏担保品，进一步降低了农民贷款的积极性和可能性。此时，政府应适当干预并扶持，以维护中小农户的利益。

3.2.6 长尾理论

长尾理论（Long Tail Theory）是伴随着网络时代而兴起的一种理论，最早由美国人克里斯·安德森（Chris Anderson）提出。该理论认为，由于成本和效率的因素，当商品储存流通展示的场地和渠道足够宽广时，商品的生产成本会急剧下降以至于个人都可以进行生产，并且商品的销售成本急剧降低时，几乎任何以前看似需求极低的产品，只要有人卖，都会有人买。这些需求和销量不高的产品所占据的共同市场份额与主流产品的市场份额相比，可以持平甚至更大。在长尾理论提出之前，人们普遍使用帕累托的“二八定律”制定经营战略和实施营销。根据帕累托的统计结论，一般而言，20%的人口享有80%的财富，应用到商业领域就是20%的重点客户带来80%的业务或者利润，因此各行各业都将重心集中在维护重点客户上。长尾理论指出，除了头部重点客户或者畅销产品以外，被大家忽略的尾部也不乏商机，并且随着边际成本的减小，长尾部分能带来的收益完全可以与主要部分持平。安德森还提出了繁荣长尾市场的三大秘诀：一是提供所有产品，使客户的选择面更加充分；二是现在就开始降低价格，如在线音乐，通过公平定价、方便的服务和稳定的质量，也能够同提供免费服务的同行竞争；三是帮用户找到产品，长尾企业真正把消费者看作有血有肉的人，有了大规模定制化系统，消费者就不必再屈就于选择千篇一律的大众化商品。

在我国庞大的金融市场中，数量稀少的城市富裕群体与大企业无疑是各大金融机构的重点客户（头部），数量众多的农民阶层与中小企业则成为被各大金融机构忽视的没有利润源泉的长长的尾巴。新型农村金融组织的成立，就是要为“长尾”部分的客户提供量身定制的金融服务。在我国，中小型企业和农户数量巨大，新型农村金融组织等微型金融机构的现实和潜在客户众多，微型金融服务业前景十分美好。为了建立我国普惠型的农村金融体系，全方位地为社会所有阶层和群体提供金融服务，政府要重视微型金融的独特作用，进一步放宽对微型金融服务业的市场准入，开放民营资本进入微型金融服务业的途径，大力发展村镇银行、贷款公司、农村资金互助社、小额贷款公司，允许新型农村金融组织从金融机构融入资金，鼓励发展适合农村特点和需要的各种微型金融服务。而且根据长尾理论，只要风险管控和运作得当，新型农村金融组织这样的微型金融机构同样可以获得可观的利润。

3.3　理论分析与研究假设

3.3.1　数字普惠金融助力乡村振兴的直接作用机制

数字普惠金融对乡村振兴的作用主要分为宏观和微观两个方面。

从宏观来看，数字普惠金融促进了三次产业的融合和产业结构升级，在不同产业融入农业的过程中，促进了农业、环境和经济的可持续发展。要成功实现产业升级和经济增长的目标，就必须建立多层次的金融市场，为高质量的创新型企业提供合适的高质量金融服务，并能够持续支持和促进实体经济中的创新活动。数字普惠金融服务通过其低成本、低门槛的优势不断升级，可以显著提高产业集聚，降低企业融资成本，提高信贷资源配置效率，从而形成影响产业结构升级的重要渠道（张林和温涛，2022）。首先，作为科技与金融协同创新的产物，数字普惠金融可以通过其先进的技术和创新优势产生技术溢出效应，直接推动行业的技术创新和进步。其次，数字普惠金融拓宽了金融应用的广度，促进了金融服务的多元化发展，在很大程度上促进了资本积累向投资的有效转化，并通过金融的资源配置功能支持经济结构的优化升级。进一步地，数字普惠金融的发展与劳动生产率的提高息息相关。数字普惠金融的发展将劳动力从简单机械的工作中解放出来，为第三产业的发展提供了充足的劳动力和巨大的需求，推动服务业成为产业高级发展的重要驱动力（杨虹和王乔冉，2021）。此外，数字普惠金融还可以提高协同效率。一方面，依靠数字平台，消费者可以以最低的成本搜索所需的产品并获得高质量的服务，生产者可以在企业成本最小化的情况下搜索大量企业发展所需的各种要素。企业可以准确获取消费者需求引导生产，有针对性地为消费者提供所需的产品和服务，降低生产和销售推广成本，有效降低企业库存，提高企业与消费者协调的效率。另一方面，数字时代生产要素的组合不同于传统的生产要素格局，要素的地位变化很大。新要素的重新整合，从多维度提升各生产要素协调协作的效率，从而加速产业结构的转变。在产业结构升级的过程中，三次产业融合的速度大大加快。数字普惠金融通过促进农业现代化，提高了农村第三产业整合效率。优化农村金融供给可以为农业现代化建设提供必要的资金支持，促进农业现代化。数字普惠金融推动农业转型升级，利用新技术提升了产业效率。提高农业现代化有利于农村三次产业的融合。农业现代化水平越高，产业间和产业内合作越有效，有利于节约生产成本，提高生产效率，充分发挥规模效应和结构性红利，支持三次产业融合（Liang，2020）。同时，数字普惠金融还通过风险共担机制，助力实现农村产商与产业融合。一方面，数字普惠金融的发展有利于构建风险共担机制。一是普惠金融可以显著促进农村普惠保险的发展；二是，数字金融可以使消费者更容易使用风险管理工具来减轻对未来不确定性的担忧。另一方面，构建风险共担机制有利于农村第三产业的融合。目前的风险控制释放方式，使农民能够通过多种渠道分散管理风险，保证产品回报，提高农民进入农村三次产业一体化市场的可能性，助力农村三次产业融合（Ge et al.，2022）。

从微观来看，普惠金融中的信贷服务和保险服务可对农户经营性收入增加产生促进作用，有利于带动农民消费，缩小城乡收入差距。农户贷款的获得可以通过追加生产要素投入实现产量的增加，但与此同时，投入品数量的增加会带来生产成本的上升，因此，农户贷款能否提高经营性收入，取决于哪一种作用更大。根据边际报酬递减规律，随着生产要素的增加，农产品边际产量会先增加后降低，在生产要素投入量较少的初级生产阶段，边际产量会随着生产要素的投入逐渐增加，此时，农产品产量出现急剧增加，产量的增加幅度要大于投入品数量的增加幅度。农民的初始资源禀赋水平较低，生产水平基本处于初级阶段，当获得贷款这一外源性融资后，可以购买更多的生产投入品，而由于处于生产的初级阶段，势必会使得农产品产量的增加幅度大于投入品数量的增加幅度，即信贷服务的获得可以促进农户经营性收入的增加。保险服务的获得可以降低农户农业经营性收入的波动，在此作用下，农民采用新生产技术的积极性会增加，此外，节余出的风险管理资金可以进一步用于农业生产，实现农产品产量的增加，最终实现经营性收入的增加。数字普惠金融借助新一代信息通信技术，对信息传输和处理成本低且速度快的特点，在较大程度上降低了农村金融交易成本，提高了业务办理速度，缓解了信息不对称程度，通过提升农村金融普惠程度，为乡村振兴提供了支持。具体来讲，数字普惠金融主要通过提供信贷、移动支付和转账汇款等服务支持农户生产经营收入增加。一方面，银行或互联网企业借助ICT开展的信贷服务，降低了信贷服务的交易成本，缓解了因信息不对称导致的信贷配给问题，让更多的农户在从事生产经营活动时获得信贷支持；另一方面，数字普惠金融通过移动支付和转账汇款服务提高了资金筹集效率，为及时进行生产经营投资奠定了基础。凭借新一代信息通信技术，支付和转账汇款等业务的办理效率大幅提升。当农户急需要资金从事生产经营时，便可通过移动支付汇款业务，在短时间内从外界筹集到所需资金，例如，在农忙季节，外出务工人员可以通过手机银行等工具，短时间内将务工收入转移回家，保证农业生产顺利进行，实现非农收入支持农业生产经营的目的。在收入提高的同时，农户的消费能力大大提升，巨大的消费需求带动了农村其他产业的发展。随着农户收入的增加，城乡间的收入差距逐渐被弥补，农民的幸福感得到了大大提升。基于此，提出假设1：

假设1：数字普惠金融能促进乡村振兴发展。

3.3.2 数字普惠金融助力乡村振兴的间接作用机制

(1) 科技创新的中介效应

技术创新是企业高成本、高风险、高回报的重大战略行动。它被认为是提高企业经济水平和综合实力的重要手段之一。作为长期经济增长的重要驱动力，技术创新决定了企业的长期发展趋势，甚至决定了国家竞争战略的优势(Zhu and Li，2021)。数字普惠金融主要从以下几个渠道来影响企业创新。

首先，数字金融的发展大大减轻了传统金融模式的弊端，为中小企业和欠发达地区企业提供了更便捷的金融服务，促进了小微企业的技术创新。传统金融机构偏好规模大、盈利能力强、政治背景特殊的企业，而歧视具有特定潜力但仍处于发展阶段的中小企业，金融资源在企业之间的配置是不平衡的。此外，传统金融体系中的信息不对称问题使传统金融机构更倾向于为国有企业提供服务，降低了国有企业面临的市场风险，但使得没有政治背景的公司难以为技术创新筹集足够的资金（赵晓鸽等，2021）。传统金融体系在地理上也受到限制，无法进一步扩张。因此，它没有为欠发达地区的企业提供足够的支持，欠发达地区难以享受便捷的金融服务。没有金融服务的支持，企业创新就无以为继，毕竟技术创新需要持续、稳定和高额资本投资。数字普惠金融通过互联网等数字技术为之前受金融排斥的群体提供了借贷、投资、支付等功能，为这些企业的技术创新提供了优质服务。数字金融主要从以下两个方面改善了传统金融的不足：一方面，数字金融普惠通过数字技术为中小企业提供正规金融服务，缓解信息不对称问题，降低企业融资成本(梁榜和张建华，2019)；另一方面，数字金融普惠扩大了金融服务的范围。传统金融无法服务的偏远地区也可以享受完整的金融服务，有效弥补传统金融的不足，促进企业的技术创新。其次，依靠大数据，数字金融降低了企业融资成本。企业“融资难”是技术创新发展的主要障碍。由于企业融资渠道单一，传统的金融体系难以判断企业的诚信，使企业难以获得足够的资金支持。传统金融市场资本投资不足的原因主要在于投资者将技术创新视为一种不产生短期收益的风险活动。因此，企业的技术创新融资水平较差。此外，传统金融体系的风险评估侧重于企业的刚性指标，无法有效评估新兴企业的风险水平（李健等，2020）。数字普惠金融的风险评估更倾向于企业的软信息，如企业互联网行为数据。此外，数字普惠金融还可以降低企业成本，扩大金融服务范围，使非银行机构和资本市场能够接触到更多的借款人，为企业提供更多的技术创新机会。传统金融体系程序复杂，融资效率低下，数字普惠金融的发展很好地弥补了它的缺陷。数字普惠金融通过数字技术降低了投资者的信息成本和交易成本，同时有助于降低企业的信用风险溢价和融资成本（陈银飞和苗丽，2021）。数字普惠金融的发展也丰富了金融服务的种类，使企业融资渠道更多，大大降低了企业的融资难度，增加了企业技术创新的机会。最后，数字普惠金融作为一种新的金融体系，为企业创新提供了基础，增加了技术创新机会。作为当前金融创新的核心产品，数字金融为经济增长提供了稳定的动力，为企业技术创新提供了更好的条件。企业通过技术创新获取利润，进一步缓解了传统金融的约束。企业可以通过不断的技术创新，避免经济发展的停滞，促进创新的发展。此外，数字普惠金融在企业交付和实现两个方面对业务发展产生了重大影响。它使网上交易成为可能，改变了传统金融体系下的商业模式，促进了企业技术创新。同时，金融作为企业技术创新的核心组成部分，直接影响技术创新。数字普惠金融的发展有效地吸纳了各种有益的金融资源，为企业技术创新提供了充足的资金。更重要的是，数字普惠金融可以为企业提供高质量的信息技术分析工具，筛选技术创新的最优结果，帮助企业做出合理、实用的技术创新决策（秦士晨，2017）。此外，为了拓展传统金融服务的业务，数字普惠金融可以在一定程度上推动传统金融体系的重塑。

数字普惠金融对微观企业科技创新的积极效应已经得到众多文献的支持，其对省域科技创新的影响具有相似的机制。一个地区的科技创新水平通常也受到资金短缺的限制，特别是对一些欠发达地区和农村地区来说。而乡村振兴的实现需要对传统农业进行改进，这离不开科技创新的支持，迫切需要通过技术创新促进农业科技产业化和农业发展的关键任务。然而，由于研究、测试和销售的不确定性，技术创新难以帮助乡村快速获得经济效益，农村金融机构提供金融服务的意愿较低。依托于互联网技术、大数据技术和人工智能等先进技术的数字普惠金融系统的蓬勃发展极大地弥补了传统金融的可用性和便利性，在很大程度上降低了农户与农村金融机构之间的信息不对称。当提供者（贷款人或保险人）无法轻松区分高风险和低风险时，就会发生逆向选择，这意味着需要通过使用“大数据”等手段对客户进行筛选（伍丁姣，2018）。数字普惠金融的发展，大大提高了金融机构的筛选能力，有利于提高还款率，减少了现有借款人的拖欠。随着信贷变得越来越数字化，逆向选择的情形会大大改善，因为借款人选择都是以数字化方式进行的（通过机器学习或其他评分算法）。这种数字化的方式通常是一种低成本的方式，可以显著降低逆向选择的影响。

中国可持续发展的解决方案来自乡村振兴，而这一伟大转型成功的关键是通过建立强大的农村创新体系来增强农村创新能力，只有这样，中国才能实现乡村振兴、脱贫攻坚、增进人民福祉，实现可持续发展（Yin et al.，2019）。加强农业科技创新是新的发展方向，建立适合国情的农业科技创新体系是我国以及世界其他发展中国家现代农业发展的基石，也是实现乡村振兴所必须发展的要点。因此，数字普惠金融可能通过科技创新助力乡村振兴。基于此，提出假设2：

假设2：数字普惠金融的发展有利于科技创新水平提升，从而带动乡村振兴目标的实现。

（2）产业结构升级的中介效应

信息技术和数字技术创造性地使经济发展不仅局限于“人口红利”“市场红利”以及工资水平、外商投资等因素，而且为经济发展和产业升级提供了知识和数据赋能。数字普惠金融正在迅速渗透到各个行业，产生了大量的新产品、新业态、新技术和新商业模式，大大促进了产业结构升级（孙倩和徐璋勇，2021）。数字普惠金融在宏观、中观、微观层面上都对产业结构升级具有重要意义。

从宏观来看，数字普惠金融主要通过提高效率来促进产业结构升级。数字普惠金融可以有效提升三个产业的生产效率。信息和通信技术被认为是促进各个行业产出增长的重要因素，而信息和通信技术是数字普惠金融的核心内容，因此数字普惠金融的发展势必有利于各个行业的转型升级。一方面，数字化技术在企业生产、销售、物流等方面的应用，可以提高企业在每个生产环节的效率，提升服务型企业的生产效率（孙早和刘李华，2018）。另一方面，新兴产业创造了更多的就业和教育机会，更有利于企业家获得各种创新资源。而居民的教育水平、全社会的就业率、劳动生产率的不断提升，都有利于产业生产效率的提高。此外，数字普惠金融还有助于创新效率的提升。大数据、人工智能等信息技术为创新效率注入了新的动力。与现代信息技术等紧密相连的物流、计算机等行业，其生产创新效率远高于传统制造业。大多数新兴技术都是从现有技术演变和升级而来的，而传统产业的颠覆性创新技术很少，难以形成创新产品和新兴产业。数字普惠金融的发展在一定程度上克服了这些缺点。数字普惠金融支持下的创新呈现出高创新频次的特点。创新技术和产品层出不穷，促进了新兴产业的迅速兴起，大大提高了企业和产业的创新效率，促进了产业结构的转型升级（杨虹和王乔冉，2021）。同时，数字普惠金融对协同效率的提升也是大有裨益。一方面，依靠数字平台，消费者可以以最低的成本搜索所需的产品并获得高质量的服务，生产者可以在企业成本最小化的情况下集合大量企业发展所需的各种要素。依靠数字普惠金融，企业可以精准地获取有关消费者需求的信息，从而有针对性地生产消费者所需的产品和服务，有利于降低生产和销售推广成本，有效降低企业库存，提高企业与消费者协调的效率（李治国等，2021）。另一方面，数字时代生产要素的组合不同于传统生产要素，各个要素的重要程度发生了巨大的变化。数字普惠金融可以有效促进新要素的重新整合，从多维度提升各生产要素协调协作的效率，从而加速产业结构的转变。

从中观来看，数字普惠金融主要通过培育新兴产业、促进产业融合，从而带动产业结构升级（张岳和周应恒，2021）。首先，数字普惠金融促使了大量新产业的形成。数字技术的不断创新和突破催生了大量的新兴产业，而新型产业形态的不断发展是产业不断发展的过程。以人工智能为核心直接形成了涉及新芯片、基础软件、智能硬件等多方面的产业，以大数据为核心直接形成了涉及数字的采集、分析、存储和分析的产业，5G通信技术的发展进一步为企业数字化转型和新兴产业的发展提供了支持，在数字技术的支持下一批又一批的新兴产业被催生出来。以第五代移动通信技术为核心的产业是基础设施产业对企业数字化转型和新兴产业形成的支持（谭蓉娟和卢祺源，2021）。同时，数字普惠金融正在加速产业深度融合，其高渗透性和数字化的特征决定了它与三大产业之间的快速融合。制造业销售和采购渠道的互联网化大大降低了信息不对称程度，促使制造业向服务业方向升级。数字普惠金融与农业的融合也改变了传统的劳动模式，现代信息技术在农业上的应用有效降低了农产品的生产成本，规模农业的发展也大大提高了土地的生产效率（星焱，2021）。近年来，农村电子商务和平台经济飞速发展，丰富了农产品的销售渠道，大大提升了销售效率。数字普惠金融与服务业的融合，有效拓展了服务对象的范围和规模，提供的服务内容也更加丰富，提高了服务的效率和质量（骆婉琦，2019）。

从微观来看，数字普惠金融主要通过加强企业内部管理和改进运营模式来推动产业结构升级。首先，数字普惠金融优化了企业的组织管理。在过去，企业决策主要取决于高层管理者，而现在在大数据的支持下，企业可以更方便地获取消费的偏好信息，因此企业决策逐渐以消费者作为创新决策模式的中心（陈剑等，2020）。其次，在数字时代，“去中心化、去等级化”趋势的发展极大改善了员工与管理者的关系，管理结构逐渐趋于扁平化。在这种模式下，每个人都是管理者，大大激发了员工的创新创业潜能。在为企业创造最大效益的同时，企业不断创新升级，进而带动了行业的转型升级。值得一提的是，数字普惠金融也改变了企业的商业模式。数据被认为是21世纪最有价值的“能源”和生产要素。数字普惠金融的发展，促进了数据的指数级增长，但数据本身并没有价值，只有通过数字化技术对数据进行清理、分析、处理、整合，才能从海量数据找到其蕴含的价值。数字普惠金融的发展，使得企业可以精准地定位目标用户的潜在需求，逐渐催生了“体验+产品+服务”的运营模式，大大改变了现有的生产和商业模式。以用户体验为指导，企业可以随时调整生产销售流程，帮助企业在追求利润最大化的同时实现创新升级（赵丽锦和胡晓明，2021）。

目前我国广大地区的农村产业发展程度低，基本要素供给不足。就产品质量而言，产量的成败仍然是许多地区农业改良的最根深蒂固的概念障碍；

在产业结构上，仍停留在单一分散经营、传统种植和租赁农业经营阶段；在农产品品牌建设方面，农产品营销过程中缺乏品牌意识，区域文化挖掘和产品特色营销不到位，品牌建设缺乏策略（Lu，2021）。此外，农村产业类型比较单一，农业与第二、第三产业的结合程度较低。农村产业关联度也较低，主要体现在：农业经营主体或以家庭农户为主体的基本生产单元，小农经营模式，由于受土地政策和现实观念的影响，其他经营者，特别是青年群体进入农村产业经营的意愿较低，农业经营群体难以产生新的血液。可见，产业转型升级对乡村振兴的意义重大。一方面，产业转型升级可以帮助农业更高质量的发展，将解放出来的劳动力补充到第二、三产业等收益更高的产业；另一方面产业转型升级可以提高农业收益，吸引更多的年轻人投身乡村振兴建设，为乡村发展注入新鲜血液，对缩小城乡差距具有重要意义。数字普惠金融的发展带动了产业结构升级，有力地推动了乡村振兴建设。因此，提出假设 3：

假设 3：数字普惠金融可以通过带动产业结构升级促进乡村振兴建设。

（3）创业活力的中介效应

农民创业有利于增加农村就业和农民收入，是国家推进乡村振兴的重要手段。近年来，随着数字技术和传统金融的深度融合，数字金融已成为普惠金融的新兴业态。利用强大的地理渗透能力和捕捉长尾用户信息的优势，数字普惠金融已成为服务小微企业，特别是更弱势的农村家庭创业的关键金融工具（宋伟等，2022）。对于农民来说，利用数字普惠金融可以缓解信贷约束，是提高金融素养和创业能力的重要途径。

首先，数字普惠金融能够缓解涉农主体创业的信贷约束。据调查，农户的信贷需求长期超过贷款供给，即存在信贷约束现象。信贷约束分为供给型信贷约束和需求型信贷约束。前者是指金融部门在面临资本约束和信息不对称时，为了规避风险和流动性，拒绝向借款人提供贷款。后者指的是信用交易的高成本、高风险，有借款需求的借款人别无选择，只能放弃借款。数字普惠金融利用技术手段丰富了金融服务场景，降低了金融服务门槛，以高效的方式将大量分散、小规模的资金吸纳到金融市场，使农村居民能够更快地开始融资。同时，随着互联网、区域连锁等现代信息技术的发展，数字金融不断升级，网银、第三方支付等新型金融工具不断更新，可以凭借其“覆盖广、成本低、速度快”的优势更好地服务农村居民，极大地缓解了以供应为导向的信贷约束（马亚明和周璐，2022）。考虑到农村居民自身的局限性，便捷的数字金融借贷方式有效解决了创业融资问题，稳定了创业者继续创业的决心，使他们能够把握贷款的可得性，基于需求的信贷约束在一定程度上得到缓解（Gao 等，2022）。数字金融缓解了农村居民的信贷约束，在一定程度上解决了创业过程中的融资问题，提高了居民创业的积极性，进而提升了农村居民的创业水平。

其次，数字普惠金融能够帮助涉农主体获取相关信息，缓解信息不对称对创业的影响。一般而言，农村居民缺乏专业的知识和技能，对金融数据和信息的收集、加工、筛选、甄别能力不高，导致其群体在信息不对称条件下难以获得贷款。同时，由于信息传递的单向性、信息的不透明性，以及金融机构对贷款需求者缺乏足够的了解，借贷风险较高。随着大数据革命性般的崛起，数字金融与信息技术在深度和广度上进一步融合，整合了大量碎片化、非结构化的网络信息，扩大了信息来源，解决了金融服务诸多方面的信息不一致问题（宋伟和杨海芬，2022）。金融的本质是通过获取信息，做出最优决策，在风险可控的情况下实现收益最大化。控制风险，追求回报，都离不开信息的获取。大数据通过收集和分析相关海量数据，大大提高了信息获取的质量和速度，为金融机构分析贷款风险、降低交易和风险管理成本提供了依据。数字金融使企业、金融机构和个人能够共享信用状况和信用记录等各类信息，出资人可以通过通信技术在线融资，简单快捷地找到金融机构，直接连接借贷双方，降低了信息传递成本，提高了资源配置效率。数字普惠金融缓解了信息约束，降低了风险和成本，促进了农村居民的创业。

最后，数字普惠金融能够增加居民收入水平，为创业进行更多的资本积累。物质的积累会激发农村居民追求美好生活、提高生活质量的欲望，拓展其思维和视野。同时，数字普惠金融驱动的移动支付方便了客户支付体验，弱化了资产抵押要求，方便了消费者进行跨期交易，改变了居民消费态度，促进了消费转型升级。在此基础上，创业行为会得到改善，对风险和不确定因素的恐惧会减少，探索和奋斗的雄心和愿望会增强，创业的想法会更容易提出，农村居民的创业行为会得到进一步的促进（龙海明等，2022）。数字普惠金融，以经济增长带动居民收入增加和消费观念转变为桥梁，通过影响农村居民的创业素质，促进了创业行为的产生，扩大了创业活动的规模。

从前面的分析中可以看到，数字普惠金融能够缓解涉农主体的信贷约束、缓解借贷双方的信息不对称问题以及产生更多的资本积累，从而增强农村的创业活力。而农村创业是增加就业和提高收入的重要途径，对乡村振兴建设具有重要意义。因此，提出假设4：

假设4：数字普惠金融可以通过激发农村创业活力助力乡村振兴建设。

3.3.3　数字普惠金融影响乡村振兴的非线性效应和空间溢出机理

数字普惠金融是金融科技和普惠金融融合发展的新业态，是普惠金融网络化、数字化发展的必然趋势，也是欠发达地区减贫和实现乡村振兴的重要驱动力。一方面，金融和数字网络相结合的数字普惠金融规模巨大，可以快速便捷地推广，即使是地处偏远山区的农户也可以足不出户就享受到以往难以获得的金融服务，数字技术的应用简化了信息的流动，进一步降低了交易的边际成本；另一方面，大数据技术的发展能够帮助金融机构进行有效的信用分析，那些因抵押物不足而被金融排斥在外的弱势群体有了获取贷款的可能，获得金融服务的障碍得以有效清除，为乡村振兴奠定了坚实的物质基础（王森和陈宇斌，2022）。在数字普惠金融发展的初期，在传统金融背景下被金融排斥的弱势群体，突然能够享受到优质的金融服务，极大地缓解了涉农主体的信贷约束，有利于乡村振兴建设的推进，数字普惠金融的边际效应较大。而随着数字普惠金融的发展，其所伴随的金融风险也会显著增强，不可避免地会削弱数字普惠金融对乡村振兴的积极效应（田霖等，2022）。并且数字普惠金融的发展在一定程度上依赖其使用深度的加深和覆盖广度的拓宽，而随着数字普惠金融的普及趋于饱和，其对乡村振兴的正向促进作用也难免会减弱。基于此，提出假设5：

假设5：数字普惠金融对乡村振兴的影响可能存在非线性特征。

陈亚军（2022）认为，理解空间差异非常重要，乡村振兴建设不仅会受到当地因素的影响，而且可能受到周边地区的影响，即存在空间效应。这也与地理学第一定律相契合，即事物之间是相互关联的，且相较于距离远的事物，距离近的事物更相关。乡村不是独立的个体，他们也会受到邻近地区的影响，空间效应不容忽视。因此，在探索数字普惠金融对乡村振兴的影响时，不仅要关注经济活动的主体，还要分析其地理属性和空间特征。基于此，提出假设6：

假设6：数字普惠金融对乡村振兴的影响存在空间效应。

| 第 4 章 |

我国数字普惠金融与乡村振兴的发展现状与水平测度

4.1 数字普惠金融在我国的发展

中国互联网与金融业的融合大致经历了三个阶段（Song and Dong，2020）：

第一阶段是 1980 ~ 2003 年。这一阶段主要是我国将先进的信息技术引入金融业的过程，是金融与信息化融合的阶段。信息技术逐渐应用于金融业的方方面面，极大地提高了金融业务的效率。但在这个阶段，金融业的传统商业模式并没有改变，互联网公司也没有真正进入金融行业体系和向消费者提供金融服务和金融产品。

第二阶段始于 2003 年，支付宝的出现开启了互联网和信息技术改变金融业模式的新进程。在这个阶段，互联网公司开始进入金融体系，为消费者提供金融服务和产品，极大地改变了金融业的传统模式。淘宝诞生于 2003 年 5 月，致力于服务个人消费者和中小企业之间的交易，但由于缺乏足够的信任，双方之间的交易难以达成。买方担心卖方收到付款没有发货，卖方担心货物不能运输到消费者手中。在这种背景下，为了帮助双方建立信任并促进交易，淘宝于 2003 年 10 月首次推出了支付宝。起初，支付宝只是用作第三方信托中介。在支付宝账户中，只有在检查成功后，付款才会从支付宝账户转移到卖方账户。通过这种第三方托管方式，交易双方建立了信任，个人之间的 C2C 交易在淘宝上迅速发展。可以说，没有支付宝，就没有淘宝的快速发展。淘宝的市场份额持续上升，其大部分交易都是通过支付宝完成的。因此，可以说，不仅是支付宝推动了淘宝的快速发展。反过来，淘宝的发展也使支付宝成为消费者认可的主要支付工具之一。在此基础上，支付宝于2004年逐步脱离淘宝，成为独立的第三方支付平台，开始在各种商业环境下进行支付。到目前为止，作为一家互联网公司，支付宝的业务已经渗透到传统的金融领域。支付宝的成功吸引了大量互联网公司和传统金融公司，它们开始效仿支付宝，陆续推出了第三方支付服务。其中最著名的是腾讯QQ支付，由腾讯于2005年推出。但它们都没有达到支付宝的市场效应，支付宝在支付领域的霸主地位难以撼动，因为他们没有支付宝交易中介和信用中介的发展基础。在2013年之前，支付宝尚未对银行卡等移动支付产生重大影响。

2007年，智能手机的出现开启了移动互联网的时代，并且各应用商开发了大量手机应用程序。在这种背景下，手机有可能成为一种新的移动支付工具，取代银行卡的移动支付功能。腾讯在2011年推出了社交软件微信，它覆盖了广泛的用户。2013年，微信推出微信钱包作为支付工具。借助春节期间微信群“抢红包”社交活动，微信成功吸引了大量用户使用微信支付进行个人间转账和支付，逐步培养用户使用微信支付的消费习惯，成功将微信支付扩展到其他业务领域。虽然支付宝和微信支付都在支付领域实现了较大发展，但他们的发展过程不同，支付宝是建立在用户交易基础上的，而微信是建立在社交网络基础上的互联网支付工具。随着互联网公司不断加入这一领域，极大地促进了传统金融业的发展，并创造了新的金融模式，如互联网小额信贷、互联网P2P金融和互联网众筹等。数字金融开始在中国金融体系中扎根。

第三阶段始于2005年。联合国在“国际小额信贷年”首次提出普惠金融的概念，呼吁在全球范围内建立普惠金融部门。在未来的十年里，包括联合国和世界银行在内的许多国际组织都致力于在全球范围内推动普惠金融的发展，通过开发小微贷款和小额信贷等金融模式，寻求扩大现有金融服务的覆盖面，以尽可能地为全社会所有阶层和群体提供便捷、安全的金融服务，支持实体经济发展，消除不平等现象。

在之后的时间里，数字金融和普惠金融相结合，推动了数字普惠金融的崛起和繁荣。数字普惠金融是一系列以现代数字信息为载体的金融活动。它旨在实现金融中介体系和市场生产力的改善，以及商业模式的创新。作为数字经济的重要分支，数字普惠金融拥有技术和金融的双重优势，有兼具普惠的重要特征。它可以弥补传统金融服务的不足，同时大大提高经济效益，特别是为农村落后地区和西部地区的发展带去了福音。近年来，蚂蚁金融、京东金融等数字普惠金融服务平台相继进入农村金融领域，发展创新金融服务体系，营造了良好的金融生态环境，推动数字普惠金融真正发挥“普惠”功能。

4.2　我国数字普惠金融的测度及解析

4.2.1　数字普惠金融的测度

自2005年联合国提出“数字普惠金融”概念以来，国际组织和国内外学者开始探索和建立衡量数字普惠金融的指标。北京大学编制了“数字普惠金融指数”、中国信通院发布“数字普惠金融发展白皮书（2019）”、中国社会科学院农村研究所发布“中国县域数字普惠金融发展指数研究报告2020”等。其中，北京大学数字金融研究中心和蚂蚁金融集团成立了一个联合研究小组，利用蚂蚁金融的海量数据，开发了一套普惠金融指标体系并获得了数据，得到了学术界的广泛认可。“北京大学数字普惠金融指数”报告在现有指标的基础上，结合了传统金融服务和互联网金融服务的特点。基于数据的可得性和可靠性，从数字金融服务的覆盖率和使用深度、数字化三个维度，重构了数字普惠金融指标体系。包括2011~2020年全国31个省区市的33项具体指标，以期客观、全面地反映数字普惠金融的发展状况，具体变量说明见表4.1。本书也采用该指数来衡量各地区的数字普惠金融发展程度。

表4.1　数字普惠金融指标体系

一级维度	二级维度	具体指标
覆盖广度	账户覆盖率	每万人拥有支付宝账号数量
		支付宝绑卡用户比例
		平均每个支付宝账号绑定银行卡数

续表

一级维度	二级维度	具体指标
使用深度	支付业务	人均支付笔数
		人均支付金额
		高频度（年活跃50次及以上）活跃用户数占年活跃1次及以上比
	货币基金业务	人均购买余额宝笔数
		人均购买余额宝金额
		每万支付宝用户购买余额宝的人数
	个人消费信贷业务	每万支付宝成年用户中有互联网消费贷的用户数
		人均贷款笔数
		人均贷款金额
	小微经营者信贷业务	每万支付宝成年用户中有互联网小微经营贷的用户数
		小微经营者户均贷款笔数
		小微经营者平均贷款金额
	保险业务	每万支付宝用户中被保险用户数
		人均保险笔数
		人均保险金额
	投资业务	每万人支付宝用户中参与互联网投资理财人数
		人均投资笔数
		人均投资金额
	信用业务	自然人信用人均调用次数
		每万支付宝用户中使用基于信用的服务用户数（包括金融、住宿、出行、社交等）
数字化程度	移动化	移动支付笔数占比
		移动支付金额占比
	实惠化	小微经营者平均贷款利率
		个人平均贷款利率
	信用化	花呗支付笔数占比
		花呗支付金额占比
		芝麻信用免押笔数占比（较全部需要押金情形）
		芝麻信用免押金额占比（较全部需要押金情形）
	便利化	用户二维码支付的笔数占比
		用户二维码支付的金额占比

资料来源：郭峰等（2020）。

表 4.2 是 2011 ~ 2019 年各省区市数字普惠金融发展指数的总指标。

表 4.2　　2011 ~ 2019 年省级数字金融发展指数

年份	2011	2012	2013	2014	2015	2016	2017	2018	2019
北京	79.41	150.65	215.62	235.36	276.38	286.37	329.94	368.54	399.00
天津	60.58	122.96	175.26	200.16	237.53	245.84	284.03	316.88	344.11
河北	32.42	89.32	144.98	160.76	199.53	214.36	258.17	282.77	305.06
山西	33.41	92.98	144.22	167.66	206.30	224.81	259.95	283.65	308.73
内蒙古	28.89	91.68	146.59	172.56	214.55	229.93	258.50	271.57	293.89
辽宁	43.29	103.53	160.07	187.61	226.40	231.41	267.18	290.95	311.01
吉林	24.51	87.23	138.36	165.62	208.20	217.07	254.76	276.08	292.77
黑龙江	33.58	87.91	141.40	167.80	209.93	221.89	256.78	274.73	292.87
上海	80.19	150.77	222.14	239.53	278.11	282.22	336.65	377.73	410.28
江苏	62.08	122.03	180.98	204.16	244.01	253.75	297.69	334.02	361.93
浙江	77.39	146.35	205.77	224.45	264.85	268.10	318.05	357.45	387.49
安徽	33.07	96.63	150.83	180.59	211.28	228.78	271.60	303.83	330.29
福建	61.76	123.21	183.10	202.59	245.21	252.67	299.28	334.44	360.51
江西	29.74	91.93	146.13	175.69	208.35	223.76	267.17	296.23	319.13
山东	38.55	100.35	159.30	181.88	220.66	232.57	272.06	301.13	327.36
河南	28.40	83.68	142.08	166.65	205.34	223.12	266.92	295.76	322.12
湖北	39.82	101.42	164.76	190.14	226.75	239.86	285.28	319.48	344.40
湖南	32.68	93.71	147.71	167.27	206.38	217.69	261.12	286.81	310.85
广东	69.48	127.06	184.78	201.53	240.95	248.00	296.17	331.92	360.61
广西	33.89	89.35	141.46	166.12	207.23	223.32	261.94	289.25	309.91
海南	45.56	102.94	158.26	179.62	230.33	231.56	275.64	309.72	328.75
重庆	41.89	100.02	159.86	184.71	221.84	233.89	276.31	301.53	325.47
四川	40.16	100.13	153.04	173.82	215.48	225.41	267.80	294.30	317.11
贵州	18.47	75.87	121.22	154.62	193.29	209.45	251.46	276.91	293.51
云南	24.91	84.43	137.90	164.05	203.76	217.34	256.27	285.79	303.46
陕西	40.96	98.24	148.37	178.73	216.12	229.37	266.85	295.95	322.89
甘肃	18.84	76.29	128.39	159.76	199.78	204.11	243.78	266.82	289.14
青海	18.33	61.47	118.01	145.93	195.15	200.38	240.20	263.12	282.65
宁夏	31.31	87.13	136.74	165.26	214.70	212.36	255.59	272.92	292.31
新疆	20.34	82.45	143.40	163.67	205.49	208.72	248.69	271.84	294.34

资料来源：北京大学数字普惠金融指数。

4.2.2 数字普惠金融的解析

（1）整体的数字普惠金融发展指数

从图4.1和表4.3可以看到，从2011年以来，各省区市数字普惠金融都实现了较大的发展，但近年来数字普惠金融的增速开始放缓，这是由于随着覆盖广度和数字化程度的不断发展，对数字普惠金融的支持力度逐渐减小（郭峰等，2020）。此外，值得关注的是各个省区市之间的数字普惠金融发展差距在减小。从全国的平均值来看，由2011年的40.80增长到2019年的324.73，可以说是实现了跨越式的发展。从区域异质性来看，东部地区的数字普惠金融发展程度要优于中部，中部要优于西部，这与东中西部地区原有的经济发展水平、地理文化因素存在差异有关系。最大值与最小值的比值从2011年的4.37下降到2019年的1.45，变异系数从2011年的0.45下降到2019年的0.1，都表明了数字普惠金融发展的省域差距在逐渐变小。这并不难理解，其与数字普惠金融的“数字”“普惠”的特点有关，“数字”跨越了时空的界限，使条件艰苦的西部地区也能享受到金融服务，减轻了传统金

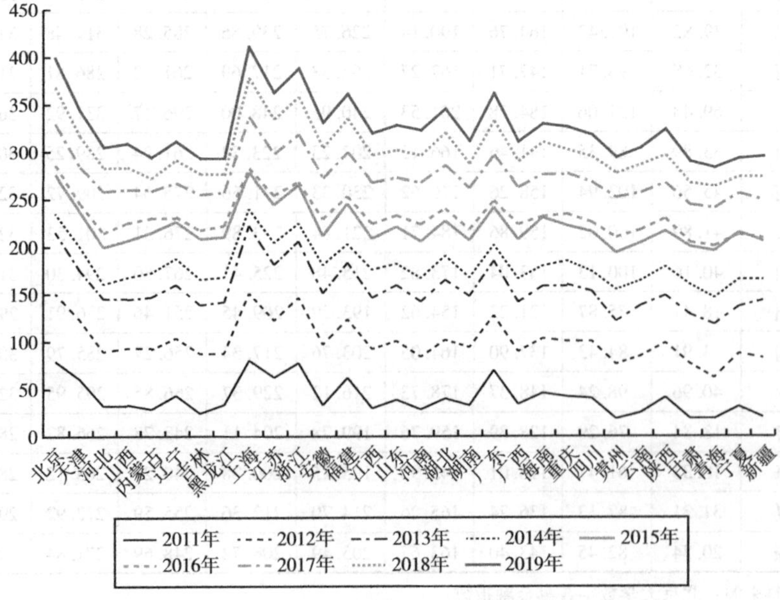

图4.1 2011～2019年省级数字普惠金融发展指数

融服务的障碍。对于西部地区而言，电脑的普及率可能还不高，但智能手机的普及率并不低，因而可以帮助西部地区享受数字普惠金融服务。“普惠”的特征也是面向西部地区等地理条件艰苦的群体，因此数字普惠金融的地域差异在逐渐缩小就不难理解。依托于数字技术和数字经济，数字普惠金融有明显优于传统金融服务的强穿透性，使得金融服务能够被越来越多的人特别是一些弱势群体所享受到。

表4.3　　2011～2019年数字普惠金融发展指数

年份	平均值				最大值	最小值	比值	标准差	变异系数
	全国	东部	中部	西部					
2011	40.80	46.13	43.16	30.42	80.19	18.33	4.37	18.39	0.45
2012	100.72	107.41	104.89	87.12	150.77	61.47	2.45	21.95	0.22
2013	156.69	164.47	162.23	140.60	222.14	118.01	1.88	25.52	0.16
2014	180.94	187.51	186.28	166.94	239.53	145.93	1.64	22.88	0.13
2015	221.13	227.06	225.09	209.38	278.11	193.29	1.44	22.45	0.10
2016	231.27	237.96	236.51	217.81	286.37	200.38	1.43	21.00	0.09
2017	272.86	279.95	278.20	258.59	336.65	240.2	1.40	23.96	0.09
2018	301.07	309.66	306.92	284.38	377.73	263.12	1.44	29.89	0.10
2019	324.73	334.34	331.58	305.41	410.28	282.65	1.45	33.38	0.10

资料来源：北京大学数字普惠金融指数整理获得。

（2）数字普惠金融覆盖广度

从表4.4可以看到，数字普惠金融覆盖广度与整体指标基本持相同的发展趋势，数字普惠金融在2011～2019的9年间快速发展，省份之间覆盖广度的差距被极大弥补，特别是西部地区覆盖广度的快速发展，表明偏远地区的“金融排斥”在逐渐消融。从全国的平均数来看，从2011年的35.31上升到2019年的308.98，数字普惠金融实现了较大范围的覆盖，结合总体指数的发展情况来看，在早期主要是用户覆盖广度的增加支撑着数字普惠金融的发展。从区域异质性来看，东部地区和中部地区的平均值都高于全国平均值，而西部地区低于全国平均值，但近年来在覆盖广度方面，与东中部地区的差异已经不甚明显。这一点从最大最小值的比值以及变异系数的变化上也能看得出来。2011 年，比值高达 50.43，但到了 2019 年，比值已经减小至 1.41。变异系数从 2011 年的 0.77 下降到 2019 年的 0.09。此外，与其他细分维度相比，数字普惠金融覆盖广度的增速在放缓。这其实并不难理解，尽管中国的网民数量众多，达到 8.5 亿之多，但广度的拓展并不可能无穷无尽，在达到边界后，发展就会陷入“瓶颈”。因此，在未来想要有所突破，就需要挖掘现有用户更多的潜在价值，即发展数字普惠金融使用深度。

表 4.4　　2011～2019 年数字普惠金融覆盖广度

年份	平均值				最大值	最小值	比值	标准差	变异系数
	全国	东部	中部	西部					
2011	35.31	42.35	39.31	20.07	98.85	1.96	50.43	27.07	0.77
2012	82.01	89.28	85.72	66.50	155.56	47.12	3.30	27.73	0.34
2013	122.18	129.33	125.85	107.12	193.86	88.18	2.20	27.20	0.22
2014	171.34	177.89	174.88	157.24	243.92	139.24	1.75	26.98	0.16
2015	192.82	199.50	196.16	178.51	268.39	159.59	1.68	27.69	0.14
2016	209.81	216.33	213.11	195.92	285.65	177.73	1.61	26.72	0.13
2017	247.01	253.18	249.86	234.51	316.12	215.67	1.47	24.84	0.10
2018	282.99	289.20	285.51	271.03	353.87	251.69	1.41	26.41	0.09
2019	308.98	315.68	312.11	295.90	384.66	272.90	1.41	29.22	0.09

资料来源：北京大学数字普惠金融指数整理获得。

(3) 数字普惠金融使用深度

从表 4.5 的数据来看，与数字普惠金融的总体指标以及其他两个维度相比，数字普惠金融使用深度呈现了不同的发展趋势，2014 年和 2018 年都出现了不同程度的回落，从全国的平均值来看，2014 年由 2013 年的 174.70 降到 155.58，2018 年从 2017 年的 294.36 降到 288.17。借助智能手机的普及，数字普惠金融的覆盖广度明显提升，但使用深度却没有跟上，表明数字普惠金融有了更多的使用客户，但在使用次数上并未发生较快增长。但同时，这也意味着数字普惠金融的使用深度是未来可以发展的重点，有很大的发展空间。从区域异质性上来看，仍是东中部地区高于西部地区。不过值得注意的是，西部地区数字普惠金融的增速要快于东中部地区。这是一个比较好的发展趋势，表明在数字技术的支持下，西部地区将更容易分享来自金融发展和科技进步的成果，对东中部地区的差异、实现均衡发展具有重要意义。从最大最小值比值和变异系数来看，虽然有所回落，但整体上省区市之间在使用深度上的差异在被缩小。最大最小值的比值在 2011 年为 18.83，到 2019 年已经下降到 1.82。

表 4.5　2011～2019 年数字普惠金融使用深度

年份	平均值				最大值	最小值	比值	标准差	变异系数
	全国	东部	中部	西部					
2011	47.49	54.61	52.95	34.52	93.52	6.76	13.83	21.89	0.46
2012	118.02	128.62	128.20	96.79	200.42	51.85	3.87	31.60	0.27
2013	174.70	188.48	187.64	146.37	280.93	113.42	2.48	41.12	0.24
2014	155.58	166.07	165.80	133.97	242.78	107.29	2.26	34.90	0.22
2015	174.19	184.90	184.51	152.84	259.81	125.25	2.07	34.12	0.20
2016	215.70	225.22	225.22	196.73	281.48	172.66	1.63	27.70	0.13
2017	294.36	305.61	304.79	271.81	396.05	240.39	1.65	37.29	0.13
2018	288.17	302.16	299.34	261.14	400.40	225.27	1.78	44.74	0.16
2019	313.48	329.83	327.10	280.46	439.91	241.55	1.82	49.96	0.16

资料来源：北京大学数字普惠金融指数整理获得。

（4）数字普惠金融数字化程度

表 4.6 的数据显示，整体上来看，数字化程度维度从 46.75 增长到 2019 年的 397.19，增长迅速。但值得注意的是，自 2015 年始，数字化程度指数连续 3 年下降，直到 2018 年才开始有所恢复，但从全国的平均值来看，到 2019 年仍没有恢复 2015 年的最高水平。造成该现象的原因是多方面的，一方面，在 2015 年该指数的具体指标中增加了便利化和信用化两个指标，所以导致了数字化维度在 2015 年的数值发生了较大变化；另一方面，这可能是由于之前借助手机的普及，数字化程度实现了较大发展，到 2015 年左右，数字化程度的发展已经陷入了“瓶颈”，想要继续有所突破比较困难。还有一点比较特别，在 2015 年前西部地区的数字化程度要高于东中部地区和

全国平均值。此外，2011 年东中西部地区分别为 43.19、38.06、57.15，2019 年分别为 404.16、403.99、382.17，尽管有所差异，但与总指标和其他维度相比，差异较小。这与“普惠”的特点有关，无论是在经济发达的东中部地区，还是在相对发展较慢的西部地区，都能享受数字普惠金融发展带来的益处。

表 4.6　　2011～2019 年数字普惠金融数字化程度

年份	平均值				最大值	最小值	比值	标准差	变异系数
	全国	东部	中部	西部					
2011	46.75	43.19	38.06	57.15	93.42	7.58	12.32	19.56	0.42
2012	131.09	128.76	125.84	137.63	163.50	107.07	1.53	14.05	0.11
2013	237.92	236.87	236.18	240.69	276.48	217.93	1.27	13.31	0.06
2014	258.76	258.24	261.15	258.86	300.84	230.71	1.30	16.08	0.06
2015	399.90	394.66	394.35	414.05	453.66	373.77	1.21	21.98	0.05
2016	330.43	332.54	334.32	328.41	404.00	293.12	1.38	22.56	0.07
2017	319.17	321.70	323.48	314.12	340.10	301.42	1.13	8.95	0.03
2018	384.21	390.87	391.41	370.69	440.26	349.76	1.26	21.46	0.06
2019	397.19	404.16	403.99	382.17	462.23	362.35	1.28	24.31	0.06

资料来源：北京大学数字普惠金融指数整理获得。

从以上的分析来看，2011～2019 年数字普惠金融实现了较大的发展，东中部地区存在的差距逐渐被弥补，数字金融服务的可及性和可负担性大大改善，帮助数百万弱势群体从基于现金的交易转向安全数字平台上的正式数字金融交易。但使用深度和数字化程度两个维度在 2015 年发生了不同程度的降低，表明数字普惠金融的发展仍面临诸多问题，存在发展质量不高与不可持续的难题。此外，近年来数字普惠金融发展带来的风险问题逐渐引起了人们的注意，P2P 平台的相继取消便是其中一个典型的例子。数字技术的广泛使用增加了网络攻击的普遍性和规模，这些攻击对数字渠道上客户数据的安全性和隐私性构成重大威胁；监管机构对网络风险的认识可能会促使监管机构重新考虑金融服务效率和安全性之间的关系。值得欣喜的是，覆盖广度仍在不断持续上升，数字普惠金融在促进个人理财稳定性、提高银行存款使用频率以及为低收入群体提供未来储蓄的可能性等诸多方面的积极效应已经得到了大家的认同，数字支付等已成为我们日常生活的一部分，我们已经习惯了数字普惠金融带来的便利性。我们所需要做的是在享受数字普惠金融发展带来的好处时，要保持对可能存在风险的警惕。

4.3　乡村振兴在我国的发展

纵观中国 70 年工业化和金融化的历史，只要经济危机的成本可以转移到农村，资本密集型城市产业就可以实现“软着陆”，现有的制度安排就可以继续维持（Wong et al.，2020）。中国农村地区和农民可以帮助国家摆脱金融危机的影响，可见农村对整个国家的重要性。在过去的时间里，我国领导人采取了有利于小农的土地分配政策，并在不同的发展时期都强调农业部门的极端重要性——包括三个不可简化的方面：农民、农村社会和农业，简称为“三农”。

在毛主席的领导下，土地大规模地重新分配给农民，1960～1962 年、1968～1970 年和 1974～1976 年，共有 4000 万受过教育的青年分三批到农村生活和工作。1978 年，我国开始实行家庭联产承包责任制，实现了所有权与承包经营权的分离，调动了农民的积极性，促进了粮食生产和农业现代化的快速增长，有力推动了农村经济复苏，其中乡镇企业发挥了重要作用。胡锦涛宣布了一项名为“社会主义新农村”的倡议，包括 2002 年的“城乡融合、2004 年的“科学发展观与和谐社会”、2005 年的“新农村建设”、2006 年的“多功能农业”、2007 年的“生态文明”，以及 2009 年的“包容性和可持续增长”。习近平主席则在 2015 年宣布要“精准扶贫”。

在党的十九大上，由于国家经济受到工业生产过剩和金融不稳定的影响，习近平主席敦促“乡村振兴”，并宣布承诺将农民的土地使用权再延长 30 年。总的说来，近几十年来，我国长期处于比较稳定的状态，这不仅是土地革命的遗产，也是中国社会的基础，在中国社会的发展过程中农村起着社会稳定的作用。

自 2003 年后，中央政府多次强调“三农”在所有重要经济任务中的重要性，于2005年启动了“社会主义新农村”项目。到目前为止，该项目已实现投资超过1万亿元，旨在缓解我国城乡发展不平衡的现状。除了部分贫困地区之外，超过98%～99%的农村地区现在不仅能够享受便利的交通，还能够便捷地使用电、水、宽带和天然气（Wong et al.，2020）。此外，中小企业蓬勃发展，进一步带动了农村的发展。值得一提的是，在以前农民乐于放弃农村户籍，转而成为城市家庭。但现在，情况已经发生了逆转，许多城市家庭已经回到自己的家乡，希望重新获得农民身份和农村户籍。

自2017年以来，政府积极调整政策，希望通过创造有效需求来推进反周期措施。另一项重要政策是促进生态友好型经济发展，并将其作为替代性的发展战略。因此，提出了“绿水青山就是金山银山”，“美丽乡村”被设想为“美丽中国”的载体。国家发展战略逐步向资源节约型、生态型包容性可持续发展方向调整。

2018年，将农村振兴的实现分为三个阶段：第一阶段取得重要性进展，于2018～2020年基本形成制度框架和政策体系；第二阶段取得决定性进展，到2035年实现农业和农村现代化；第三阶段全面振兴农村，到2050年实现农业强、农村美、农民富。特别是到2022年，农村振兴的体制框架和政策体系将初步完善。乡村振兴战略的提出旨在解决五大类农村问题：农业生产要素（如农业劳动力、耕地等）的快速流失、农业社会主体的过快老化和弱化、农村房屋空置和建设用地浪费的增加，农村生态环境的严重污染和农村贫困地区的深度贫困。图4.2列示了乡村振兴的总体要求。

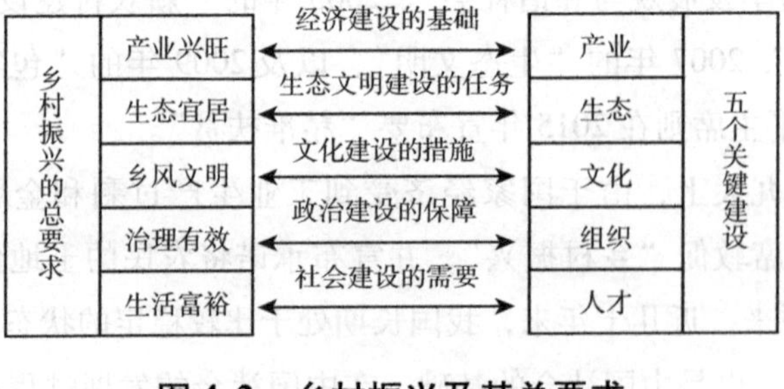

图4.2　乡村振兴及其总要求

资料来源：《乡村振兴战略规划（2018～2022年）》。

4.4　乡村振兴发展水平的测度及解析

4.4.1　乡村振兴发展水平的测度

在过去很长的一段时间里，我国政策一直都集中在城市发展和城市化进程的加快上，从而忽视了农村地区的可持续发展。许多地方的城市化是以牺牲农村利益为代价的，农村地区在很大程度上被边缘化了。农村衰落是世界范围内在城市化进程中观察到的一种现象，这已成为一个全球性问题，特别是在发展中国家。然而，一些新兴的全球性问题，如气候变化、粮食安全、能源安全和生物多样性，都与乡村息息相关，因此将农村发展重新定位到未来规划的中心刻不容缓。作为城市化程度不断提高的最大发展中国家，我国农村的衰落幅度很大。改革开放以来，我国农村的发展逐渐受到重视，2017 年，针对农村衰落、发展不平衡与不足之争以及人民群众日益增长的美好生活需求，中国政府提出了“乡村振兴”战略，推动农村发展，它也是实现 2030 年议程和联合国可持续发展目标（SDG）的战略。农村振兴是一项涵盖经济、政治、文化、生态和福祉建设的农村发展战略，通过系统地分配和有效管理人口、土地和工业等各种发展因素来实现农村地区的全面复兴。乡村振兴涵盖经济、社会、生态环境和文化等多个方面。乡村振兴的目的可以归结为社会稳定、经济效率、文化繁荣和环境友好性。

在乡村振兴的早期研究中，主要是以理论分析为主，一方面“乡村振兴”的概念提出不久，其理论体系尚未成型。另一方面，相关数据的获取难度也制约了实证研究的开展。在其指标体系的构建方面，学者们从自身的理解出发，构建了不同的乡村振兴发展指数。《乡村振兴战略规划(2018 ~2022 年)》的发布意义重大，对乡村振兴指标体系的构建具有指导性意义。借鉴葛和平和钱宇（2021）的研究，乡村振兴的具体指标构建见表4.7。

表 4.7　　　　　　　　　乡村振兴的评价指标体系

主指标	一级指标	二级指标	三级指标
乡村振兴	产业兴旺	农业效率高	人均 GDP
			人均粮食产量
			农业劳动生产率
		农业投资高	农用机械总动力
			农村农户固定资产投资额
			小型新型农村金融机构数
	生态宜居	清洁生产度	能源消费结构
		生活宜居度	人均公园绿地面积
			公路通车里程
			公共卫生厕所数
		医疗保障度	乡村医生和卫生员数
			社区卫生服务站
	乡风文明	家庭之风	平均受教育年限
			农村教育文化娱乐支出
		社会之风	地方财政文化体育与传媒支出
			人均拥有的公共图书馆藏书
			农村有线广播电视数占比
		民俗之风	艺术表演团体机构数
	治理有效	治理基础	自治组织单位数
		治理投入	保险深度
			工业污染治理完成投资
		治理成果	农村基尼指数
			农村居民五保户人数
			农村居民最低生活保障人数
	生活富裕	农民收入	农村人均可支配收入
		生活品质	农村常住居民恩格尔系数
			农村居民消费水平
		城乡差距	城乡居民收入比
			城市化水平

（1）乡村振兴指数的评价方法

在确定了乡村振兴的评价指标体系后，需要对各级指标进行赋权。在以往的研究中，赋权的方式主要分为两大类：主观赋权法和客观赋权法。前者是一些专家基于对各个指标的理解和自身专业经验，从而确定各个指标的权重的方法，主要包含专家调查法、二项系数法等；后者则是从数据自身的特点出发，利用一些数理方法来处理数据，从而得到指标权重的方法，包含熵权法、主成分分析法等。从两种方法的特点来看，第一种方法得到的指标权重更具客观性，符合指标体系构建的科学性原则。此外，在已有文献中，熵权法应用更为广泛，因此本书选择熵权法来确定乡村振兴各级指标的权重。下面是熵权法的具体步骤。

第一步，预处理数据。

$$N_{jx} = \frac{n_{jx} - Minn_{jx}}{Maxn_j - Minn_j} + 0.001(n_{jx}\text{为正向指标}) \tag{4-1}$$

$$N_{jx} = \frac{Max_{jx} - n_{jx}}{Maxn_{ij} - Minn_{ij}} + 0.001(n_{jx}\text{为负向指标}) \tag{4-2}$$

该步骤主要是将各个指标标准化，其中 n 为原指标，N 为标准化后的数据，Maxn 和 Minn 分别为该指标中的最大值和最小值。

第二步，确定各指标在该指标中的比重。

$$\mu_{ix} = \frac{N_{ix}}{\sum_{i=1}^{n} N_{ix}} \tag{4-3}$$

第三步，确定各指标的熵值。

$$e_x = -k \times \sum_{i=1}^{n} \mu_{ix} \times \log(\mu_{ix}) \tag{4-4}$$

$$k = \frac{-1}{\ln(m)}(k\text{ 为常数},m\text{ 为样本个数}) \tag{4-5}$$

第四步，计算各指标的差异系数。

$$g_x = 1 - e_x(g_x\text{ 为信息效应值}) \tag{4-6}$$

第五步，计算权重。

$$R_x = \frac{g_x}{\sum_{x=1}^{m} g_x}(R_x\text{ 为指标权重}) \tag{4-7}$$

（2）数据来源

本书所选取的乡村振兴指标体系包含29个三级指标，主要包含我国30个省区市（西藏数据缺失较多，故舍去）2011～2019 年的数据，部分数据可以从数据库中直接获取，多数指标需要对搜集的数据进行处理。数据主要来源于国家统计局以及《中国统计年鉴》《中国农村统计年鉴》和各省区市统计年鉴。

（3）乡村振兴发展水平各指标权重计算

本书主要采用熵权法来确定各个指标的权重（见表 4.8）。

表 4.8　　熵权法计算的指标权重　　单位：%

主指标	一级指标	二级指标	三级指标	2011 年	2012 年	2013 年	2014 年	2015 年	2016 年	2017 年	2018 年	2019 年
乡村振兴	产业兴旺	农业效率高	人均 GDP	3.48974	3.89239	4.66856	4.86859	4.72575	4.62708	4.25002	4.28468	4.55286
			人均粮食产量	3.34444	3.54002	3.9386	3.63587	4.01285	3.72997	4.43148	4.3381	4.6819
			农业劳动生产率	9.71281	9.94625	2.09342	1.89241	1.91793	2.04177	2.14249	2.07625	2.41324
		农业投资高	农用机械总动力	4.40273	4.49154	4.89889	4.78831	4.93167	4.54302	4.53279	4.46354	4.7635
			农村农户固定资产投资额	3.10634	3.1103	3.11561	3.07583	3.20295	3.17825	3.31725	3.71502	3.85233
			小型新型农村金融机构数	3.49809	3.68961	3.8338	3.76275	3.64243	3.78987	3.53652	3.6206	3.62555
	生态宜居	清洁生产度	能源消费结构	2.77146	2.20981	1.98768	1.99316	2.31872	2.40508	2.88989	2.26432	2.14554
		生活宜居度	人均公园绿地面积	0.84743	1.40001	1.61939	1.49751	1.58961	1.46025	1.33998	0.96728	1.28965
			公路通车里程	2.37347	2.42486	2.57508	2.52453	2.67624	2.60434	2.58219	2.53689	2.70447
			公共卫生厕所数	3.1926	3.36579	3.45463	3.42934	3.53582	4.03087	3.76841	3.53047	3.61031
		医疗保障度	乡村医生和卫生员数	4.45738	4.45626	4.7824	4.73181	4.99602	4.73859	4.63628	4.51984	4.73963
			社区卫生服务站	7.56946	8.10796	8.32289	8.21174	8.51576	8.33218	8.50628	7.84579	6.22194

续表

主指标	一级指标	二级指标	三级指标	2011 年	2012 年	2013 年	2014 年	2015 年	2016 年	2017 年	2018 年	2019 年
乡村振兴	乡风文明	家庭之风	平均受教育年限	1.91529	2.10698	2.39254	1.9907	1.53868	2.38724	2.64409	2.7768	2.39596
			农村教育文化娱乐支出	3.99343	4.5867	3.76597	3.31437	1.8808	1.81798	1.3651	1.91534	1.97781
		社会之风	地方财政文化体育与传媒支出	3.00731	2.48755	2.51618	2.38158	2.65304	3.07764	3.18967	3.41986	3.63539
			人均拥有的公共图书馆藏书	6.31192	5.39035	6.69747	6.33524	6.59762	6.28423	5.92064	6.02012	6.11759
			农村有线广播电视数占比	2.60129	2.60002	3.34869	3.34162	3.36557	3.19819	3.45222	3.60901	4.80217
		民俗之风	艺术表演团体机构数	6.51944	4.46488	5.54562	4.98277	6.71716	6.37495	7.53298	8.70688	7.34252
	治理有效	治理基础	自治组织单位数	4.35486	4.47073	4.86154	4.75894	4.95043	4.81579	4.79092	4.65582	4.95062
		治理投入	保险深度	3.19482	3.22657	4.1224	4.67852	3.76278	3.34002	2.192	1.5805	1.53753
			工业污染治理完成投资	3.64564	4.51211	4.03697	5.33239	4.00254	5.49215	5.98224	6.60232	6.16555
		治理成果	农村基尼指数	1.54387	1.47198	1.44402	2.10585	1.33922	1.43646	0.77438	0.7178	0.92247
			农村居民五保户人数	1.26989	1.4263	1.4385	1.50936	1.56574	1.35042	1.07793	0.92761	0.95299
			农村居民最低生活保障人数	0.75551	1.01698	1.62367	1.59509	1.31545	1.15455	1.22302	0.84286	0.77057
	生活富裕	农民收入	农村人均可支配收入	3.09885	3.08126	3.42668	3.3915	3.63463	3.49981	3.45016	3.39222	3.52713
		生活品质	农村常住居民恩格尔系数	1.39864	1.34079	1.12085	1.08879	1.20564	0.86614	0.92869	0.63779	0.64606
			农村居民消费水平	3.98644	3.64069	4.02943	4.36515	4.62556	4.61308	4.70627	5.21708	4.80515
		城乡差距	城乡居民收入比	0.7448	0.68257	1.28481	1.15814	1.24779	1.0966	1.04114	0.99284	0.96641
			城市化水平	2.89208	2.85875	3.0537	3.25812	3.53159	3.71347	3.79497	3.82237	3.88317

本书采用熵权法确定了各个指标的权重，从指标权重的数据来看，无论是从时间维度来看，还是省级维度来看，权重数值的变化都不大，数据较为合理。因此，选用熵权法来测度乡村振兴发展水平较为合理，有利于后续对其进行发展水平分析和实证研究。

（4）乡村振兴发展水平测度结果

本书通过熵权法计算了30个省区市乡村振兴发展水平指标得分（见表4.9）。

表4.9　　2011～2019年乡村振兴发展水平测度结果

年份	2011	2012	2013	2014	2015	2016	2017	2018	2019
北京	0.41	0.44	0.48	0.48	0.50	0.53	0.55	0.56	0.59
天津	0.30	0.31	0.34	0.35	0.37	0.39	0.41	0.40	0.41
河北	0.37	0.38	0.41	0.45	0.45	0.43	0.45	0.48	0.48
山西	0.28	0.30	0.32	0.32	0.34	0.35	0.37	0.36	0.37
内蒙古	0.29	0.30	0.36	0.38	0.38	0.38	0.41	0.43	0.44
辽宁	0.31	0.33	0.37	0.37	0.37	0.38	0.38	0.38	0.40
吉林	0.27	0.28	0.31	0.33	0.34	0.35	0.37	0.36	0.38
黑龙江	0.32	0.33	0.36	0.36	0.38	0.38	0.41	0.42	0.45
上海	0.45	0.46	0.46	0.49	0.50	0.53	0.56	0.54	0.57
江苏	0.45	0.49	0.51	0.52	0.55	0.57	0.59	0.61	0.63
浙江	0.61	0.65	0.57	0.59	0.61	0.64	0.64	0.67	0.68
安徽	0.30	0.31	0.35	0.36	0.39	0.42	0.45	0.47	0.49
福建	0.28	0.30	0.35	0.36	0.37	0.37	0.40	0.41	0.43
江西	0.26	0.28	0.30	0.31	0.32	0.34	0.35	0.37	0.40
山东	0.50	0.52	0.55	0.58	0.60	0.61	0.62	0.61	0.66
河南	0.38	0.39	0.43	0.44	0.46	0.48	0.52	0.54	0.58
湖北	0.29	0.31	0.35	0.36	0.38	0.41	0.42	0.45	0.46
湖南	0.27	0.28	0.32	0.33	0.36	0.38	0.40	0.41	0.42
广东	0.38	0.39	0.43	0.43	0.45	0.47	0.52	0.53	0.56
广西	0.20	0.21	0.24	0.26	0.28	0.28	0.29	0.30	0.32
海南	0.20	0.23	0.24	0.25	0.26	0.27	0.30	0.31	0.32
重庆	0.24	0.26	0.29	0.29	0.32	0.33	0.37	0.39	0.41
四川	0.31	0.33	0.36	0.37	0.38	0.39	0.42	0.43	0.46

续表

年份	2011	2012	2013	2014	2015	2016	2017	2018	2019
贵州	0.14	0.16	0.18	0.21	0.22	0.24	0.27	0.29	0.31
云南	0.17	0.19	0.22	0.24	0.24	0.26	0.28	0.30	0.31
陕西	0.26	0.28	0.31	0.31	0.33	0.35	0.36	0.38	0.43
甘肃	0.17	0.18	0.21	0.22	0.23	0.25	0.26	0.27	0.29
青海	0.15	0.16	0.18	0.19	0.20	0.21	0.22	0.22	0.24
宁夏	0.19	0.20	0.23	0.25	0.26	0.28	0.28	0.28	0.29
新疆	0.23	0.25	0.27	0.29	0.29	0.30	0.31	0.32	0.34

4.4.2　乡村振兴发展水平的解析

表4.9和图4.3反映了2011～2019年各省区市的乡村振兴发展水平。从时间维度来看，各省区市的乡村振兴发展水平都有较大的提升。从总体上来看，乡村振兴发展水平是逐年提升的，但具体到某些省区市时，可以发现乡村振兴发展水平有所波动。从省域之间的发展水平来看，地区间表现出明显

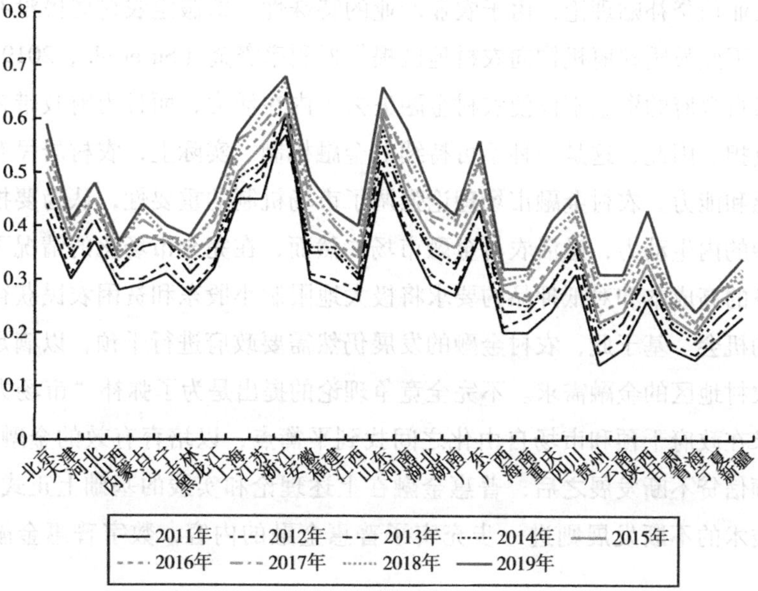

图4.3　2011～2019年各省区市乡村振兴发展水平

的差异性，位于东部地区的北京、上海、江苏、浙江等乡村振兴建设显著优于其他省区市，而位于西部的青海、贵州等地区的乡村振兴建设则发展相对缓慢。结合两个维度来看，东部地区的乡村振兴建设的速度也较快。1978 年以来，我国实施的经济改革对我国的经济增长和居民的生活水平产生了巨大的影响。然而，它们也加剧了地区在工资和生活水平方面的不平等。数亿人从西部迁往东南沿海，中西部地区发展的脚步减缓。东西部地区发展不平衡是当前影响人民幸福感的一大难题，政府对此也相当重视。从乡村振兴发展水平来看，受经济发展水平的影响较大。东部地区的乡村振兴建设已经处于较高水平，而中西部地区的发展水平则较低。

4.5 我国乡村数字普惠金融发展的进程与现状

4.5.1 我国乡村振兴的数字普惠金融发展需求分析

农村数字普惠金融是对农村金融、农村普惠金融的延续和进一步发展。依据农业信贷补贴理论，由于农业产业的特殊性，即假定农村居民没有储蓄能力，因此鼓励政府机构向农村地区提供低利率资金（Su et al.，2019）。然而，来自政府的资金不仅使农村金融失去了内在活力，而且为财政带来了巨大的负担。因此，这是一种不可持续的金融机制。实际上，农村居民有储蓄的意愿和能力。农村金融市场理论强调了市场机制的重要性，认为要挖掘农村金融的内生动力，激活农村金融市场。然而，在完全市场化的情况下，金融服务的高成本和对抵押品的要求将极大地限制小股东和贫困农民获得金融服务的机会。基于此，农村金融的发展仍然需要政府进行干预，以满足我国广大农村地区的金融需求。不完全竞争理论的提出是为了弥补“市场失灵”，并寻求在政府干预和市场自由化之间找到平衡点，以培育有效的金融市场。在小额信贷不断发展之后，普惠金融在上述理论和实践的基础上正式提出。数字技术的不断发展则进一步充实了普惠金融的内容，数字普惠金融应运而生。

数字普惠金融已经证明在减少贫困、缩小城乡差距、增加农民收入以及减少污染物排放等多个方面发挥积极效应，乡村振兴的实现需要数字普惠金融的支持。首先，资产规模较小常常被认为是穷人，特别是小农仍然贫穷的关键原因。因此，获得资金在生产活动的初始投资和随后的扩张中起着相当重要的作用，这也正是扩大融资渠道通常被认为是最重要的扶贫政策之一的原因。在数字普惠金融的助力下，我国的广大农民能够改变和扩大他们的生产活动。其次，数字普惠金融的发展有利于进一步改善信息传输和扩大社会网络，这两者都是发展小农的关键因素。同时，数字普惠金融是推动电子商务扩张的关键因素，电子商务创造了更多机会，改变了职业选择，它使农民能够脱离农业进入商业，从而获得可持续的收入增长。此外，基础设施的建设、高级人才的培养和引进、产业结构的升级以及生态环境的改善等都需要金融特别是数字普惠金融的支持。也就是说，我国乡村振兴的实现需要数字普惠金融的支持。

4.5.2　我国乡村发展数字普惠金融的供给现状

近年来，我国政府高度重视乡村发展，特别是对金融服务乡村振兴给予了高度关注。通过完善农村金融组织体系，积极引导涉农金融机构回归本源，大大加强了金融对乡村振兴的支持力度。此外，农村产权制度改革金融服务、稳妥推进“两权”抵押贷款试点以及探索集体资产股份等依法合规进行抵押融资等活动都进一步盘活了农村资源资产，有效缓解了“三农”领域“融资难”“融资贵”的难题。同时，农村金融产品和服务不断创新，创新性地开展了集体林权抵押、大型农机具抵押、仓单和应收账款质押等业务。“保险＋期货”试点、“订单农业＋保险＋期货（权）”试点等探索活动也取得了较大进展。截至 2018 年末，全口径涉农贷款余额高达 32.68 万亿元。

图 4.4 报告了我国 2014～2018 年各类涉农贷款余额。其中，农村基础设施建设贷款表现出强劲的增长趋势，增长速度较快，在短短的 5 年内就增长了 206%。农村基础设施建设对农村发展具有重要意义，道路的修建、农田的改善、农业机械的改进等都有助于农业生产效率的提高。农村基础设施发展的直接影响包括降低农业生产成本、提高农产品产量、减少劳动力投

入、提高耕地可利用率和提高农产品种植的盈利能力等。农村基础设施发展的间接影响包括增加土地价值、促进环境保护和提升当地居民观念等。值得注意的是，其他涉农贷款都出现了不同程度的下降，这对乡村振兴的发展不利，国家应当积极引导金融机构加大对涉农贷款领域的支持力度，特别是农业科技领域的贷款，助力农业产业结构升级，更好地服务乡村振兴建设。

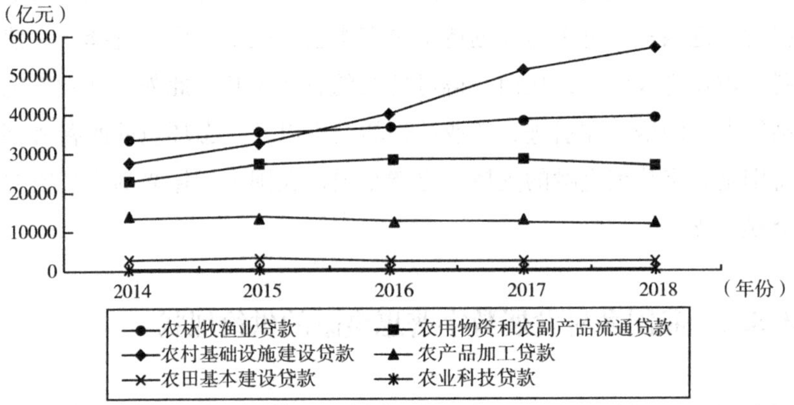

图 4.4　2014～2018 年各类涉农贷款余额

数据来源：中国金融年鉴 2019。

图 4.5 报告了 2014～2018 各类主体涉农贷款余额。从图中可以看到，农户、农村企业、非农户个人以及城市企业的涉农贷款都呈上升趋势。其中，农村企业的涉农贷款远高于其他主体，且速度增长较快，农户贷款紧跟其后，增速明显。可见，农户和农村企业是支持农村发展的中坚力量，政府应当将更多的资金向农户和农村企业倾斜，特别是要重点支持农村企业的发展。农村企业是农村经济活动的支柱，兼具商业属性和社会属性。从其社会属性来看，其为广大农村提供了社会服务，有利于保障整个社区的利益；从其商业属性来看，其目标是通过向市场提供本地资源（商品和服务）来盈利。无论是哪种属性，都有助于实现乡村振兴，通过支持农村企业的发展，将进一步鼓励发展农村的经济活动、增加低收入群体的创造力和制造更多的生产性经济商业机会，吸纳更多的农村剩余劳动力实现就业。

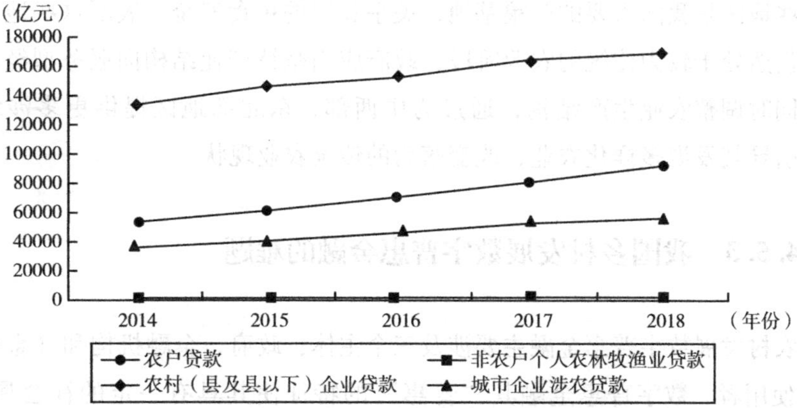

图 4.5　2014～2018 各类主体涉农贷款余额

数据来源：金融统计年鉴 2019。

图 4.6 报告了 2018 年我国各省区市的涉农贷款余额。从整体来看，我国不同地区的涉农贷款余额存在较大差距，东部地区的江苏、浙江、山东等省份涉农贷款余额远高于其他地区，但同属东部地区的北京、上海等地则非常低，可能是这些地区经济高度发达，二、三产业比重较大，农业占比较少导致的。此外，值得注意的是，中西部和东北部地区涉农贷款余额并不高，

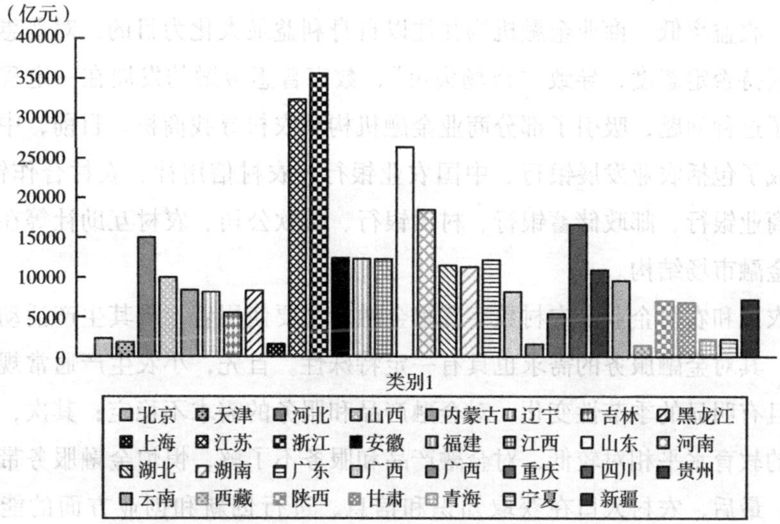

图 4.6　2018 年各省区市涉农贷款余额

资料来源：中国金融年鉴 2019。

而这些地区是我国重要的产粮基地，关乎我国的粮食安全，表明这些地区的农业仍然处于较为传统的农业阶段，政府应当坚持产业结构向服务型经济升级，同时调整农业生产结构，通过为中西部、东北部地区提供更多涉农贷款，引导其发展多样化农业，改变落后的传统农业现状。

4.5.3　我国乡村发展数字普惠金融的难题

农村发展数字普惠金融主要涉及三个主体：政府、金融机构和（金融服务）使用者。数字普惠金融其“普惠”的特征使其具有一定的社会属性，其一大特点就是可以为所有人提供有效的金融服务，特别是那些被传统金融排斥在金融体系之外的人，其中农户等弱势群体深受其益。在引导和规范农村数字普惠金融建设方面，政府具有重要作用。尤其是在数字普惠金融发展前期，需要完善基础设施建设、宣传教育数字普惠金融益处以及加强金融监管，都离不开政府作用的发挥。作为“看得见的手”，政府有能力创造良好的金融生态，提供便利的投融资政策和制度，为涉农主体和资金提供者搭建平台，调动金融市场的各种要素和资源（Su et al.，2019）。

金融机构是农村数字普惠金融服务的主要提供者。由于农村地区金融风险高、收益率低，商业金融机构往往以自身利益最大化为目的，对普惠金融的发展持否定态度，导致“市场失灵”，数字普惠金融的发展在一定程度上缓解了这种问题，吸引了部分商业金融机构到农村寻找商机。目前，中国已经形成了包括农业发展银行、中国农业银行、农村信用社、农村合作银行、农村商业银行、邮政储蓄银行、村镇银行、贷款公司、农村互助社等在内的农村金融市场结构。

农民和农村企业是农村数字普惠金融的主要使用者，因其生产活动的特殊性，其对金融服务的需求也具有一定特殊性。首先，小农生产通常规模较小，且有明显的季节性变化，对金融产品和服务的需求不稳定；其次，农村人口的教育水平相对较低，对金融产品和服务不了解，惧怕金融服务带来的风险；最后，农村人口在获取知识和信息、进行创新和创业方面的能力较弱，金融素养较低。然而，随着中国农村产业的发展和产业结构的调整，出现了新的经营实体，如大型农户、家庭农场、农民和乡村旅游业主，对数字普惠金融发展产生了较大的需求。

综上所述，农村数字普惠金融主要存在覆盖广度不足、“自身排斥”以及安全隐患等诸多问题。首先，尽管数字普惠金融的发展让更多的群体享受到了金融服务，但从农村金融机构供给的数量和质量来看，都表现出农村金融资源供给不足。从实践来看，金融机构更注重为农业大户和工业化龙头企业提供服务，服务对象偏离了农民。其中重要的原因在于金融供求双方的信息不对称，金融机构难以收集农户的信用信息以及进行相关的信用评级，导致了仍有大部分金融机构不愿意在农村提供金融服务。其次，尽管政府希望金融机构在农村提供更为广泛的数字普惠金融服务，但发展数字普惠金融的真正内生驱动力在于农村本身，农村数字普惠金融发展较慢不仅是因为金融机构的供给不足，更多的是农村对金融服务的参与度不够。缺乏金融知识、缺乏信用数据、缺乏抵押品、低收入水平和传统的农村习俗等都是阻碍用户积极使用乡村数字普惠金融的重要原因。此外，作为一种新兴的金融交叉模式，数字普惠金融的安全隐患主要有两个主要特征。作为数字和金融的有机组成部分，它面临来自互联网技术和金融服务的风险，同时交叉实践也会产生重大风险。伴随数字普惠金融创新而来的金融风险不仅包含在业务中，而且与业务、监管规避和监管套利之间的界限模糊密切相关（Hu and Zheng, 2016）。由于大多数数字金融服务都具有某些“技术”特征，因此数字金融在技术层面上存在与IT相关的各种风险，包括信息泄露、身份识别以及信息的控制和处理。第三方资本存款和潜在的资本安全问题以及潜在的操作风险都影响着可能产生相关的风险。由于数字普惠金融具有金融的特点，因此还存在严重金融风险的可能性。信息不对称、缺乏有效监管以及资金链中断和流动性风险等都使乡村数字普惠金融的发展具有诸多安全隐患。加上乡村地区的金融使用者缺乏相关的金融知识，对数字普惠金融的风险一知半解，具有较大的安全隐患。

乡村数字普惠金融的发展需要政府、金融机构和用户的共同努力。在农村地区发展数字普惠金融，一般风险高、收益低，因而金融机构缺乏动力发展数字普惠金融，政府要给予政策支持，降低金融机构的成本和风险，以减少合作阻力。对于金融和用户之间的问题，金融机构应当深化供给侧结构性改革，根据涉农主体的需要增加金融产品供给数量和质量，满足涉农主体多样化的金融需求。此外，数字化技术的发展为获取涉农主体的信用信息提供了便利，用户要注重相关的信用建设。至于政府和用户之间的问题，可以通过政策支持、加强农村用户的金融教育和完善农村信贷体系来解决。当然，农村用户也应积极配合政府的工作，不断增强学习能力和消费认知能力，提高自身金融素养。数字普惠金融是未来的发展趋势，其重要性越来越明显，尽管面临诸多的难题，但在多方的努力下，必将逐个击破。

| 第5章 |

实证研究与结果分析

从数字普惠金融对乡村振兴的直接作用效应分析可知，数字普惠金融的发展从多个角度影响乡村振兴的实现。本质上，数字普惠金融作为数字金融与普惠金融的结合体，能够降低弱势群体特别是偏远乡村地区的金融获取成本，并且借助数字技术的发展突破了时空的界限，农村地区享受金融服务的难度大大降低（星焱，2021），符合乡村振兴建设的需要。本书从宏观视角出发，利用线性面板模型探索数字普惠金融与乡村振兴之间的关系，通过中介检验程序探寻其作用机制，并对地区之间的差异性进行分析，讨论数字普惠金融在不同地区助力乡村振兴的效应。此外，本书还分析了数字普惠金融对乡村振兴的非线性影响和空间溢出效应，以期更好地服务乡村振兴建设。

5.1 数据来源

与数字普惠金融相关的数据来自北京大学数字普惠金融发展指数，该指数是在北京大学数字金融研究中心和蚂蚁金融服务公司自2011年以来进行的持续调查后发布的。乡村振兴的相关数据和其他省域的相关变量主要来源于国家统计局和各省区市统计年鉴。

5.2 变量选取

(1) 被解释变量：乡村振兴发展水平（Rural）。已有文献在乡村振兴发展水平的度量方面，大多是基于《乡村振兴战略规划（2018～2022年）》，从数据的可得性和对乡村振兴各个维度的理解出发进行构建的。本书也从五个维度共29个三级指标构建乡村振兴发展水平指数，综合考量了乡村振兴建设所需的经济、社会、生态环境和文化等多个方面，以期能够反映出各省区市乡村振兴建设的真实情况。乡村振兴发展指数越大，表明该省区市乡村振兴建设水平越高。

(2) 解释变量：数字普惠金融指数（Difi）。数字普惠金融是中国普惠金融创新的重要体现。为了更好地反映中国各省区市普惠金融的创新与发展，本书使用了北京大学数字普惠金融指数。该指数侧重于从创新数字金融的角度评估数字金融包容性的发展。它从覆盖面、深度、数字化水平三个维度描绘了中国各省、市、县数字普惠金融的发展水平。该指数通过电子账户的数量（例如，互联网支付账户和银行账户的数量）来评估数字金融的覆盖范围。它通过考虑互联网金融服务的实际使用情况来衡量数字金融的深度，包括支付、货币基金、信用贷款、保险、投资和信用服务。该指数还通过分析数字金融的便利性和成本来评估数字化水平。该指数是对30多个数字普惠金融指标的无量纲处理，最后通过组合效率系数法获得。同时，采用喻平和豆俊霞（2020）的方法将数字普惠金融指数除以100，以解决指数相对过大的问题。

(3) 中介变量。①科技创新：在微观领域通常以研发投入和专利产出来衡量企业的创新水平，从省域层面来看，政府财政支出中科学技术支出的多少在很大程度上能够反映各省区市的科技创新水平，对其取对数处理。

②产业结构升级：产业结构可以简单地理解为第一产业、第二产业和第三产业在国民经济结构中的比重。产业结构升级是一个不断发展的动态过程。在中国主要表现为三大产业部门从第一产业的主导地位逐步演变为第二产业和第三产业的主导地位。为了衡量产业结构升级水平，许多学者使用第

三产业产值与GDP的比值或第二产业产值与第三产业产值的比值。但产业结构升级不仅包括第二产业和第三产业比重的变化，还包括第一产业比重的变化。从狭义上讲，可以考虑以下三大工业部门：农业、加工制造业和服务业。农业的发展能够满足人类最基本的生存需求，即低水平的需求；在人类解决了生存问题后，加工制造业的发展可以满足人们的娱乐需求，即中级需求；服务业的发展能够满足人们的高层次需求。从需求看，随着经济的增长，人们对第一产业产品的需求在减少，而对第二、第三产业产品的需求在增加。这种需求直接影响社会生产。从长远来看，第二产业和第三产业将迅速发展，特别是第三产业。因此，从产业结构演变的角度来看，最终的结构比例关系是第三产业大于第二产业，第二产业大于第一产业。因此，本书借鉴Zhou和Li（2021）的方法，在衡量产业结构升级水平时，给予第三产业更大的权重，其系数值为3。同时，第一和第二部门被赋予最小和中等权重，系数值分别为1和2。公式如下：

$$Upgrade_{i,t} = \frac{\text{第一产业增加值} \times 1 + \text{第二产业增加值} \times 2 + \text{第三产业增加值} \times 3}{3} \tag{5-1}$$

③创业活力：借鉴赵涛等（2020）的做法，采用乡村私营和个体就业人数与农村人口的比值来衡量。

（4）控制变量。就其他影响乡村振兴建设的变量而言，本书借鉴已有文献，选择对外开放程度、财政分权、政府支出水平、农业重视程度指标，具体的变量说明见表5.1。乡村振兴建设的实现需要加强对外交流，乡村生产出来的农产品如果仅仅在省内的小区域内销售，一方面经济效益不高；另一方面，需求也相对较少，难以形成规模效应。此外，加强对外开放，乡村可以学习其他地区的先进技术、先进经验，乡村振兴建设的实现需要技术和人才作为支撑。财政分权也是影响乡村振兴建设的一大因素，在财政分权下，当地政府享有一定的税收权力和支出责任范围，能够在一定程度上按照自身意愿来合理安排支出，财政分权水平较高，可能用于乡村发展的资金就更多，乡村振兴发展水平可能也就更高。政府支出水平影响到用于乡村振兴的资金多少，政府支出水平相对较高的话，一般用于农村发展的资金也会较多。农业是乡村发展必须发展的，在数字金融的助力下，智慧农业、精准农业的发展是未来的一大发展方向，政府在农林水事务中的支出越多，说明政府对农业的重视程度越高，越有利于乡村振兴的实现。主要变量的说明见表5.1。

表5.1　主要变量说明

变量类型	变量名称	变量符号	变量定义
被解释变量	乡村振兴发展指数	Rural	具体定义见表4.7
解释变量	数字普惠金融发展指数	Difi	北京大学数字普惠金融发展指数/100
	数字普惠金融覆盖广度	Difi1	北京大学数字普惠金融发展指数/100
	数字普惠金融使用深度	Difi2	北京大学数字普惠金融发展指数/100
	数字普惠金融数字化程度	Difi3	北京大学数字普惠金融发展指数/100
中介变量	科技创新	Tec	政府财政支出中科学技术支出的自然对数
	产业结构升级	Upgrade	三大产业增加值的加权平均值
	创业活力	Entr	乡村私营和个体就业人数/农村人口
控制变量	对外开放程度	Fdi	进出口贸易总额/GDP
	财政分权	Fisd	地方人均财政支出/中央人均财政支出
	政府支出水平	Gov	地方财政一般预算支出/GDP
	农业重视程度	Afe	政府财政支出中农林水事务支出的自然对数

5.3　模型构建

为了检验数字普惠金融及其细分维度与乡村振兴发展水平之间的关系，构建模型：

$$Rural_{i,t} = \alpha_0 + \alpha_1 Difi_{i,t} + \alpha_2 \sum Control_{i,t} + \varepsilon_{i,t} \tag{5-2}$$

其中，Rural代表各省区市乡村振兴发展水平，Difi代表各省区市数字普惠金融发展水平，Control代表影响乡村振兴发展水平的其他控制变量。

为了进一步验证数字普惠金融助力乡村振兴的作用机制，借鉴温忠麟和叶宝娟（2014）的研究，通过建立以下模型来检验中介变量的中介效应：

$$\text{Inter}_{i,t} = \beta_0 + \beta_1 \text{Difi}_{i,t} + \beta_2 \sum \text{Control}_{i,t} + \mu_{i,t} \quad (5-3)$$

$$\text{Rural}_{i,t} = \varphi_0 + \varphi_1 \text{Difi}_{i,t} + \varphi_2 \text{Inter}_{i,t} + \varphi_3 \sum \text{Control}_{i,t} + \pi_{i,t} \quad (5-4)$$

其余变量都与上述模型中的相同，Inter 代表数字普惠金融与乡村振兴作用过程的中介变量。主要变量的描述性统计见表 5.2。

表 5.2　主要变量的描述性统计

变量	观测值	平均值	标准差	最小值	最大值
Difi	270	2.0336	0.9157	0.1833	4.1028
Difi1	270	1.8361	0.9024	0.0196	3.8466
Difi2	270	1.9797	0.9135	0.0676	4.3991
Difi3	270	2.7838	1.1800	0.0758	4.6223
Tec	270	4.2521	1.0306	1.3244	7.0637
Upgrade	270	9.5184	0.8930	6.9886	11.4146
Entr	270	2.6631	2.3634	0.0112	28.0431
Fdi	270	0.2878	0.3092	0.0123	1.5058
Fisd	270	6.8359	2.7869	3.6974	14.9805
Gov	270	0.2642	0.1150	0.1200	0.7583
Afe	270	6.1194	0.5636	4.5194	7.1785

5.4 实证分析

5.4.1 数字普惠金融与乡村振兴

随机效应模型和混合 OLS 模型相比，固定效应模型的显著性最差、稳健性最高、有效性居中，为了保障研究的稳健性，直接采用固定效应模型。表 5.3 报告了数字普惠金融与乡村振兴的回归结果。从回归结果来看，数字普惠金融、覆盖广度维度和数字化程度维度，与乡村振兴发展水平之间均表现出显著的正相关关系，回归系数分别为 0.0160、0.0720 和 0.0102，假设 1 成立。使用深度的回归系数为 0.0093，但没有通过 10% 的统计性检验，表明数字普惠金融使用维度与乡村振兴发展水平无关，这可能是由于我国在使用深度上还处在初级阶段，很多地区能够通过手机和互联网享受金融服务，但都仅涉及一些初级的金融服务，使用深度发展不够，对乡村振兴发展水平的积极效用有限。数字普惠金融包括在线贷款、移动支付、互联网金融、互联网保险等各类创新产品，随着使用深度的不断发展，有望展现出积极的推动作用。从控制变量的回归结果来看，对外开放程度的系数没有通过显著性检验，表明对乡村振兴的积极效应有限，这可能是因为农村的对外开放程度不高，对乡村振兴发展水平的提升难以发挥显著的拉动作用。财政分权显示出了对乡村振兴发展水平显著的正向作用，在不同模型中的效应都显著存在，表明一定程度的财政分权有利于地方政府按照自己的意愿合理安排支付，从而促进乡村振兴建设。毕竟每个地区当前发展的需要有所差异，结合自身发展需要合理调整支出，对当地实现更高水平发展具有积极意义。财政支出水平在不同的模型中都呈现出积极的正向效应，乡村振兴的实现需要大量资金的支持，无论是发展应用现代信息技术，还是培养吸引高级人才都需要巨额的资金投入，特别是在乡村振兴建设初期，基础设施不完善，发展不健全，难以吸引外部投资，此时，政府的财政支持显得尤为重要。经济是基础，地方政府财政支出水平的提升有利于为乡村振兴建设提供有力的经济支持。农业重视程度指标也基本呈现显著的正向促进作用，农业的发展对乡村振兴的重要性不言而喻，乡村振兴的实现离不开农业的支持。在当前的背景下，发展智慧农业、现代农业，需要不断完善农业基础设施，政府在涉农方面的支出越多，越有利于农业优化转型升级，为乡村振兴的实现注入新的动力。

表5.3　　　　数字普惠金融与乡村振兴：基准回归

	Rural	Rural	Rural	Rural
Difi	0.0460*** (2.70)			
Difi1		0.0720*** (2.76)		
Difi2			0.0093 (1.04)	
Difi3				0.0102* (1.94)

续表

	Rural	Rural	Rural	Rural
Fdi	0.0021 (0.17)	-0.0115 (-1.10)	-0.0010 (-0.08)	-0.0010 (-0.08)
Fisd	0.0121*** (4.96)	0.0106*** (4.10)	0.0140*** (5.94)	0.0130*** (5.42)
Gov	0.1621*** (3.05)	0.1406*** (2.58)	0.1889*** (3.61)	0.1810*** (3.44)
Afe	0.0166* (1.67)	0.0211** (2.06)	0.0192* (1.85)	0.0148 (1.40)
常数项	0.3455*** (6.07)	0.3731*** (6.86)	0.3740*** (6.48)	0.3703*** (6.64)
年度	控制	控制	控制	控制
省份	控制	控制	控制	控制
样本数	270	270	270	270
R^2	0.9881	0.9882	0.9878	0.9879

注：*、**、***分别表示10%、5%、1%的显著水平，括号内为T值。

考虑到本书的自变量对乡村振兴发展水平的影响可能存在时滞效应，且鉴于数字普惠金融发挥效应的时间比较快，故将其滞后一期重新分析对乡村振兴发展水平的影响。表5.4的回归结果显示，本书的核心结论没有发生显著改变，数字普惠金融及其覆盖广度和数字化程度维度都具有显著的时滞效应，其回归系数分别为0.0313、0.0671和0.0107。综合来看，数字普惠金融在当期和滞后一期对乡村发展都具有显著的促进作用。使用深度维度仍然没有通过10%的显著性检验，可能是使用维度的发展程度还不够，需要进一步拓展其使用方向和内容。在对数字普惠金融的分析中，我们可以看到数字普惠金融的发展相当迅速，到2019年可以说是跨越式的发展，所以对乡村振兴的积极效应相当客观。尽管使用深度尚未显示出显著的积极效应，但并不意味它是没有用的，作为三个维度之一，其是支撑数字普惠金融继续发展的重要支撑，随着使用深度的不断拓展，其必将带动数字普惠金融的进一步发展，从而助力乡村振兴发展水平的不断提升。基准回归已经检验了数字普惠金融对乡村发展的积极效应，但乡村振兴建设比较好的地区也更可能发展数字普惠金融。通过滞后效应的分析，在一定程度上削弱了互为因果的影响。

表 5.4　　　　数字普惠金融与乡村振兴：滞后效应回归

	Rural	Rural	Rural	Rural
L. Difi	0.0313** (2.05)			
L. Difi1		0.0671*** (2.97)		
L. Difi2			0.0060 (0.55)	
L. Difi3				0.0107** (2.10)
控制变量	控制	控制	控制	控制
常数项	0.3082*** (5.66)	0.3058*** (6.27)	0.3290*** (5.68)	0.3177*** (6.15)
年度	控制	控制	控制	控制
省份	控制	控制	控制	控制
样本数	240	240	240	240
R^2	0.9888	0.9890	0.9887	0.9889

注：**、*** 分别表示 5%、1% 的显著水平，括号内为 T 值。

数字普惠金融服务为农村提供了一种更积极主动的方式来应对风险，从而减少了消费和脆弱性的波动。这种“主要影响渠道”的直觉首先与数字融资有关，通过数字融资，缺乏抵押品的农民可以扩大获得基于大数据分析的正规贷款的机会。互联网技术使丰富的信息数据库能够迅速建立（Qin et al., 2020）。我国农村的数据库包括三类：传统银行收集的直接信用数据、从电子商务平台和在线社交网络等在线平台收集的个人信息以及政府收集的公共信息，如税收和社会保障记录。数字技术作为降低参与成本的一种方式，使农民更容易管理他们的现金流和储蓄，从而提高他们应对风险的能力。此外，通过相关的基于互联网的金融服务，农民可以利用更广泛的社会支持网络来应对负面冲击，因为他们可以更快地从更多的人那里收到更多的汇款。使用数字金融的农民更有可能通过劳动力市场实现可持续的收入增长和消费改善。首先，拥有较小的资产禀赋通常被认为是穷人，特别是小农户仍然贫穷的关键原因。因此，获得资金在生产活动的初始投资及其随后的扩张中都起着相当重要的作用。在数字融资的支持下，我国农民能够转变和扩大他们的生产活动。其次，数字金融服务的提供可以改善信息传输并扩大社交网络，这两者都是制约小农发展的关键因素（Miller and Yoon，2020）。最后，数字金融是推动电子商务扩张的关键因素，电子商务创造了更多的机会并改变了职业选择。它允许农民从农业中解放出来，进入商业，从而获得可持续的收入增长，也实现了产业结构的优化升级。可见，数字普惠金融对乡村振兴的实现意义重大。

5.4.2　稳健性检验

（1）改变样本周期

数字普惠金融指数的指标在 2015 年后发生了变化，在分析其发展变化时，也发现部分省区市的数字普惠金融发展水平在 2015 年出现了回落。为了能正确分析其影响效应，本书以 2015 ~ 2019 年的数据进行稳健性检验。

表 5.5 报告了稳健性检验的结果，核心结论依然得到了支持，在考虑了样本周期的影响后，数字普惠金融的正向效应依然显著，已成为促进农村发展的一个不可忽视的重要力量。特别的是，在改变样本周期后，使用维度的系数变得显著，这可能是因为在数字普惠金融的发展过程中，数字普惠金融的使用深度逐渐加深，对乡村振兴的发展起到了重要的作用。

表 5.5　　稳健性检验（改变样本周期）

	Rural	Rural	Rural	Rural
Difi	0.0512 *** (2.64)			
Difi1		0.0842 *** (2.80)		
Difi2			0.0307 * (1.80)	

续表

	Rural	Rural	Rural	Rural
Difi3				0.0080*** (2.94)
控制变量	控制	控制	控制	控制
常数项	0.2567** (2.74)	0.2112** (2.17)	0.3032*** (3.57)	0.3391*** (4.30)
年度	控制	控制	控制	控制
省份	控制	控制	控制	控制
样本数	150	150	150	150
R^2	0.9928	0.9927	0.9927	0.9924

注：**、*** 分别表示5%、1%的显著水平，括号内为T值。

（2）工具变量法

为了降低内生性问题对研究结果的影响，分别将数字普惠金融及其各维度指数的滞后一期作为工具变量采用过度识别的广义矩估计法（GMM）进行稳健性检验。表5.6报告了检验结果。相关检验表明工具变量选取合适。GMM的估计结果显示，在考虑了内生性影响后，数字普惠金融及其各维度对乡村振兴的正向效应依然具有稳健性，数字普惠金融已成为乡村振兴的重要驱动力。

表5.6　　稳健性检验（工具变量GMM）

	Rural	Rural	Rural	Rural
Difi	0.0451** (2.57)			
Difi1		0.0456*** (2.72)		
Difi2			0.0579* (1.82)	
Difi3				0.0626*** (2.65)
控制变量	控制	控制	控制	控制

续表

	Rural	Rural	Rural	Rural
常数项	0.2231 *** (2.86)	0.3363 *** (3.19)	0.3677 *** (2.95)	0.3167 *** (5.48)
年度	控制	控制	控制	控制
省份	控制	控制	控制	控制
样本数	150	150	150	150
R^2	0.8774	0.8576	0.8310	0.7175

注：**、*** 分别表示5%、1%的显著水平，括号内为T值。

5.4.3　区域差异分析

在政治、经济等多种因素的影响下，数字普惠金融与乡村振兴的关系存在区域差异。表5.7报告了数字普惠金融对东中部地区乡村振兴发展水平的影响。东部地区的系数为0.0344，但没有通过显著性检验，表明数字普惠金融的发展对东部地区乡村振兴的发展影响有限。这可能是由于东部地区的乡村振兴发展水平已经处于较高水平，数字普惠金融发展带来的影响有限。中部地区和西部地区的系数分别为0.0688和0.0997，数字普惠金融的正向效应显著。特别是在西部地区，数字普惠金融的正向效应最为显著，这可能是由于之前西部地区受金融排斥影响难以享受金融服务，而数字普惠金融的发展为农村带来了机会，农村金融的发展还有很大的空间，对乡村振兴的推动作用也就更为明显。数字普惠金融致力于服务农业、农村和农民，促进农村振兴，重点关注小微企业、城市低收入人群和其他弱势群体。一般来说，实物资本较高的地区拥有众多的传统金融渠道和较强的金融服务可及性，数字普惠金融只是众多可供选择的金融服务之一。相比之下，对于实物资本较低的地区，数字普惠金融对经济增长尤为重要，这进一步凸显了数字普惠金融的包容性（Jiang et al.，2021）。要发展一个国家的经济，重要的是要减少金融危机、改善金融公平、减少金融排斥和建立可持续的普惠金融，同时弥补贫富之间的经济差距也十分重要。我国的普惠金融已经取得了较大的成果，但地区之间的差距仍然存在。在此背景下，数字普惠金融在刺激经济扩张方面的重要作用就显得特别重要。要实现金融体系的可持续性发展，需要发展所有核心的金融力量，这意味着不同区域的金融都需要在平等的基础上发展。除了城市经济的发展外，发达的数字普惠金融是平衡经济和金融发展的最关键问题之一。传统金融机构通常不愿意为偏远地区提供服务，但在线借贷使之成为可能。后者将资金的需求和供应方连接起来，这些资金的供需方在地理上可能相距甚远。此外，数字金融环境使技术平台能够更好地完成企业风险评估，它可以通过大数据风险评估和长尾效应来降低边际成本。此外，受西部大开发和中部崛起等政策影响，中西部地区的内需持续扩大，对金融行业的发展提供了机会。同时，这些条件加大了对中西部地区项目实施的支持力度。线上线下形成完整的业务循环，进一步提升了金融部门的服务能力（Hasan et al.，2022）。由此，数字金融更好地鼓励了中西部地区进行的创新发展活动以及服务型转型，对乡村的推动作用也就更为明显。

表 5.7　　　　数字普惠金融与乡村振兴：分组回归

	东部	中部	西部
Difi	0.0344 (1.12)	0.0688 * (1.95)	0.0997 *** (2.94)
Fdi	控制	控制	控制
常数项	0.2397 *** (3.24)	0.3827 ** (2.50)	0.3136 *** (3.34)
年度	控制	控制	控制
省份	控制	控制	控制
样本数	99	81	90
R^2	0.9830	0.9766	0.9898

注：*、**、*** 分别表示10%、5%、1%的显著水平，括号内为T值。

5.4.4　作用机制研究

(1) 科技创新的中介效应

数字普惠金融的驱动源泉本质上是信息通信技术的有效应用，数字普惠金融是随着信息通信技术产业的快速发展而出现的一种新的经济形态。工业革命以来的技术变革和治理调整，将技术生产模式与组织治理结构紧密联系起来，共同构成了经济社会发展的动力，这正是数字普惠金融演进的内在机制（Pan et al.，2021）。信息和技术基础设施的不断发展带动了数字普惠金融持续取得新进展，数据成为最重要的战略资产之一，当今世界已是以数据驱动创新为主导的世界。数字普惠金融对企业创新的积极效应已经得到了众多文献的支持。数字普惠金融在缓解融资约束、降低债务融资成本等方面成效显著，从而有利于企业将更多的资金投入创新研发活动（陈银飞和苗丽，2021）。近年来，大量的研究也认为数字普惠金融的发展有利于各地区创新效率的提升。“融资难”问题一直是困扰中小企业的首要问题，农村个体经营者的生存和发展长期陷于困境，数字普惠金融是解决这一问题的重要武器。数字普惠金融创新利用数字服务平台，提供“供应链金融”等多种融资模式，着力解决小企业和金融机构存在的信息不对称问题，致力于构建完善的小微企业融资体系，促进了当地经济繁荣和居民收入增加，有效带动农村脱贫致富，有利于乡村振兴的实现。因此，数字普惠金融可能促进地区的科技创新从而助力乡村振兴。

表5.8报告了数字普惠金融、科技创新和乡村振兴的回归结果。表中列（1）的数据显示，数字普惠金融的发展显著促进了科技创新水平的提升，表明数字普惠金融的发展带动了当地政府在科技创新上的投入。列（2）的结果显示，在控制了数字普惠金融的影响后，科技创新对乡村振兴发展水平的提升具有显著的正向驱动作用，科技创新的中介效应显著。也就是说，数字普惠金融可以通过带动科技创新水平的提升来助力乡村振兴的实现。金融资源的进一步集聚带来了新一轮的经济增长，而落后农村地区资源的稀缺性使他们总是在贫困中挣扎。对于城乡发展的相对平衡来说，资源的合理配置尤为重要。数字技术在金融服务中的应用大大提高了金融的可得性。落后的农村地区作为金融市场的“荒原”，随着数字普惠金融的发展，将吸引大量资源涌入，金融资源配置的优化是带动当地科技创新不断取得新成就的重要原因。

表 5.8　　数字普惠金融、科技创新和乡村振兴的回归结果

	Tec (1)	Rural (2)
Difi	0.0265*** (2.79)	0.0456* (1.88)
Tec		0.0132*** (2.60)
控制变量	控制	控制
常数项	1.4260* (1.78)	0.3267*** (5.89)
年度	控制	控制
省份	控制	控制
样本数	270	270
R^2	0.9731	0.9885

注：*、**、*** 分别表示 10%、5%、1% 的显著水平，括号内为 T 值。

（2）产业结构升级的中介效应

中国经济的跨越式发展有目共睹，但长期粗放的产业结构带来了严峻的环境压力。产业结构转型升级，是实现经济向高质量发展转变的关键环节。特别是在后疫情时代，中国产业链加速重塑，产业结构升级势在必行。在高质量发展的背景下，迫切需要提出一条在通过数字普惠金融促进产业结构升级的同时实现环境友好型发展的新路径（Su et al.，2021）。作为实现高质量发展目标的战略路径，技术创新可以促进形成符合我国新发展理念的可持续产业结构。近年来，循环经济的发展和第四次工业革命带动的数字经济为相关利益相关者带来了前所未有的风险和机遇。其中，数字普惠发展势头迅猛。其内涵不断丰富，逐步与经济社会的各行业深度融合，带动了一系列数字化转型，不断将新技术、新模式、新商业基因注入产业结构转变过程，推动了创新驱动的经济模式的产生。数字普惠金融和技术创新可以通过加快发展绿色、清洁和智能产业链来优化产业结构。一方面，数字化技术在企业生产、销售、物流等方面的应用，可以提高企业在每个生产环节的效率，提升服务型企业的生产效率。另一方面，新兴产业提供了更多的就业和教育机会，更方便企业家获得创新资源。居民的教育水平、全社会的就业率、劳动生产率都有所提高，提高了产业的生产效率（葛和平和张立，2021）。产业结构升级对乡村振兴的实现同样意义重大，被视为促进传统村落振兴的重要举措。农村产业转型往往通过发展农村产业从而有利于缩小城乡差距，解决城乡二元性造成的不平衡发展，促进城乡融合发展和一体化发展，拉动农村经济增长。在传统的产业结构下，农民与农业捆绑在一起，且因为是小农经营，生产效率低下。产业结构升级，一方面将农民从低效的农业生产中释放出来，从而发展更为先进的智慧农业、精准农业等。另一方面，从农业中解放出来的剩余劳动力可以补充因人口老龄化等多种因素导致的劳动力短缺问题。同时，一些农村居民将在城市工作过程中获得的知识和技能应用于农村经济建设，从而间接促进了农村地区的经济发展，助力乡村振兴建设。因此，数字普惠金融可能通过产业结构升级助力乡村振兴建设。

表 5.9 报告了产业结构升级中介效应的回归结果。数字普惠金融对乡村振兴的积极效应在基准分析部分已经得到证明。表中列（1）显示，产业结构升级的系数为 0.1160，且高度显著，表明数字普惠金融对产业结构升级有着显著的正向作用。列（2）对数字普惠金融的发展进行了控制，发现产业结构升级的系数显著为正，表明在控制了数字普惠金融的影响后，产业结构升级有利于乡村振兴建设的实现，产业结构升级的中介效应显著。近几十年来，我国产业结构不断升级。特别是在数字普惠金融的助力下，产业结构升级的速度得到了明显提升。产业结构优化升级加速了工业和服务业的发展，创造了更多的就业机会，促进了部分农村居民在城市的就业，直接增加了农村居民的收入。同时，一些农村居民将在城市工作过程中获得的知识和技能应用于农村经济建设，从而间接促进了农村地区的经济发展，有助于提高农村居民的总体收入水平，助力乡村振兴的实现。

表 5.9　数字普惠金融、产业结构升级和乡村振兴的回归结果

	Upgrade (1)	Rural (2)
Difi	0.1160 *** (3.11)	0.0338 * (1.71)
Upgrade		0.1045 *** (2.83)

续表

	Upgrade (1)	Rural (2)
控制变量	控制	控制
常数项	8.6907*** (54.31)	-0.5625 (-1.78)
年度	控制	控制
省份	控制	控制
样本数	270	270
R^2	0.9991	0.9887

注：*、*** 分别表示 10%、1% 的显著水平，括号内为 T 值。

（3）创业活力的中介效应。

随着乡村振兴战略的提出，农村经济得到了进一步发展，而其中农村居民创业是加快乡村建设的重要项目。“大众创新、万众创业”提出后，我国创业规模不断扩大，农村居民创业环境不断优化，但也存在“融资难”、创业项目创新不足、人力资源不足等诸多难题（Gao et al.，2022）。数字普惠金融的发展提高了融资效率，降低了交易成本，增加了居民收入，对农村居民的创业活力产生了重大影响。

表 5.10 报告了创业活力中介效应的检验结果。数字普惠金融对乡村振兴的积极效应在前面已经证实。从表中列（1）的回归结果来看，数字普惠金融的发展有利于乡村创业活力的提升。列（2）的回归结果显示，在控制了数字普惠金融发展水平的影响后，乡村创业活力提升有利于乡村振兴的实现，创业活力的中介效应显著。数字普惠金融的兴起为被排除在正式银行系统之外的个人和企业创造了机会。数字普惠金融通过提供交易账户、信贷和保险等金融服务大大改善了弱势群体的生活条件。我国大多数地区包括广大的农村地区的人们都使用移动货币账户，为数字普惠金融的发展创造了机会。数字普惠金融对农村创业活力的积极效应是多方面的，先进技术的不断突破有效提高了生产率，新兴产业的兴起创造了更多的就业机会，普惠特征降低了地区间的发展不平等。增加就业是实现乡村振兴所必须实现的目标之一，只有激发农村创业活力，才能为环境改善、文化发展等其他乡村振兴的目标提供必要的支持。数字普惠金融的发展激

发了农村的创业活力，增加了农村就业和农民收入，有力地推动了乡村振兴的实现。

表5.10 数字普惠金融、创业活力和乡村振兴的回归结果

	Entr (1)	Rural (2)
Difi	0.1033*** (3.25)	0.0305* (1.94)
Entr		0.1500*** (3.54)
控制变量	控制	控制
常数项	10.2377*** (81.39)	-1.1901*** (-2.80)
年度	控制	控制
省份	控制	控制
样本数	270	270
R^2	0.9974	0.9889

注：**、***分别表示5%、1%的显著水平，括号内为T值。

5.4.5 数字普惠金融助力乡村振兴的非线性效应分析

在基准回归部分本书检验了数字普惠金融对乡村振兴的主效应。研究发现，数字普惠金融的发展确实有利于乡村振兴的实现，且这种效应在中西部地区更为显著。但是，这种研究结果是基于数字普惠金融与乡村振兴之间是线性关系得出的。显而易见，这种假设过于简单，不能很好地反映数字普惠金融和乡村振兴深层次的关系。基于此，数字普惠金融对乡村振兴的非线性影响有待进一步探讨。

基于本书的理论分析，数字普惠金融对乡村振兴的影响可能存在基于自身的门槛效应，故参考 Hansen（1999）的做法，通过门槛效应模型，来检验数字普惠金融和乡村振兴的非线性关系：

$$\begin{aligned} Rural_{i,t} = &\alpha_0 + o_1 Difi_{i,t} I(q \leqslant \psi_1) + o_2 Difi_{i,t} I(\psi_1 < q \leqslant \psi_2) + \cdots + \\ &o_3 Difi_{i,t} I(\psi_{n-1} < q \leqslant \psi_n) + \pi_{i,t} Control_{i,t} + \eta_{i,t} \end{aligned} \tag{5-5}$$

其中，Rural 表示乡村振兴发展水平，Difi 表示数字金融发展水平，I(·)为示性函数，q 为门槛变量，ψ 为门槛值。

本书采用 Bootstrap 方法检验数字普惠金融的门槛效应。先检验三门槛模型，如果通过显著性检验，则选择该模型；如果没通过检验，则继续检验二门槛模型，依次类推。若最终单门槛模型都没通过检验，表明数字普惠金融的门槛效应不存在。

表 5.11 和表 5.12 报告了数字普惠金融的门槛效应及其估计结果。表 5.11 对数字普惠金融的门槛效应分析结果显示，双门槛和三门槛模型都没有通过显著性检验，不能选择双门槛模型和三门槛模型。单门槛模型的 P 值为 0.0133，在 5% 的显著性水平上可以拒绝不存在单门槛效应的假设，即数字普惠金融存在一个门槛，门槛值为 0.8245。从以数字普惠金融为门槛的回归结果来看，数字普惠金融对乡村振兴的影响受数字普惠金融发展水平的制约。当数字普惠金融发展水平较低时，弹性系数为 0.0523；当数字普惠金融发展水平较高时，弹性系数为 0.0019。这表明数字普惠金融对乡村振兴存在显著的积极效应，但数字普惠金融发展跨越了某个门槛后，对乡村振兴的积极效应会减弱。这可能与数字普惠金融自身的特点有关，数字普惠金融的基本内涵是为受金融排斥或享受金融服务水平较低的人群提供正规金融服务的数字访问和使用，在其起步阶段，受金融排斥的大量群体开始享受金融服务，依据长尾理论，其边际效应比较大，对乡村振兴的积极效应更明显。随着数字普惠金融水平的提升，其提供服务的新群体有限，边际效应随之降低，对乡村振兴的积极效应也会降低。

表 5.11　　　　门槛效应检验

核心解释变量	模型	F 值	P 值	BS 次数	1% 临界值	5% 临界值	10% 临界值
Difi（数字普惠金融）	单门槛	25.02**	0.0133	300	0.1578	0.1797	0.2677
	双门槛	8.04	0.3700	300	0.2041	0.2955	0.4026
	三门槛	6.05	0.5933	300	0.2013	0.2807	0.3689

注：** 分别表示 5% 的显著水平，括号内为 T 值。

表 5.12 数字普惠金融和乡村振兴的门槛效应回归结果

	Rural (1)	Rural (2)	Rural (3)
Difi < 0.8245	0.0523 *** (9.11)	0.0438 *** (6.35)	
Difi ≥ 0.8245	0.0019 * (1.94)		0.0063 *** (5.37)
控制变量	控制	控制	控制
常数项	0.2780 *** (4.21)	0.2791 *** (3.98)	0.3852 *** (6.47)
年度	控制	控制	控制
省份	控制	控制	控制
样本数	270	34	236
R^2	0.9167	0.9536	0.7728

注：**、*** 分别表示 5%、1% 的显著水平，括号内为 T 值。

以数字普惠金融的门槛值为界，将样本分为低数字普惠金融和高数字普惠金融两个区制。2011 年，还尚未有省区市进入高区制；到了 2012 年，上海、北京和山东等省区市已经率先进入高区制，到了 2013 年，所有省区市都进入了高数字普惠金融发展水平。仅仅经过 2 年左右的发展，我国数字普惠金融已经取得了较大的成就。数字普惠金融依托信息技术、大数据技术、云计算等创新技术，为降低金融交易成本、挖掘用户潜在需求、扩大金融服务的范围和可及性提供了巨大的发展空间，随着越来越多的人拥抱数字普惠金融，将为乡村振兴的实现提供更多的机会（石玲玲等，2022）。总之，数字普惠金融的发展有利于乡村振兴更早实现，且存在明显的门槛效应，当数字普惠金融跨过该门槛后，积极效应有所减弱，但仍对乡村振兴具有显著的积极效应。

为了提高研究结论的稳健性，以门槛值为界，在门槛值左右分别进行回归。从表 5.12 的回归结果来看，数字普惠金融的系数皆显著为正，且门槛值左侧数字普惠金融的系数 0.0438 大于右侧的 0.0063，表明数字普惠金融对乡村振兴具有显著的正向推动作用，但过了门槛后，该效应会减弱，研究结论具有稳健性。

5.4.6 数字普惠金融影响乡村振兴的空间溢出效应分析

根据本书的理论分析，数字普惠金融对乡村振兴的影响可能存在空间溢出效应。因此，本书构建空间面板计量模型来检验数字普惠金融对乡村振兴的空间溢出效应。空间滞后模型（SAR）、空间误差模型（SEM）和空间杜宾模型（SDM）是三种常用的空间计量模型。其中，空间杜宾模型是另外两种空间模型的组合扩展形式，因而综合了两种模型的特点，既考虑了因变量的空间相关性，又考虑了自变量的空间相关性。因此，本书设定如下空间杜宾模型：

$$Rural_{i,t} = \alpha_0 + \alpha_1 Difi_{i,t} + \alpha_2 \sum Control_{i,t} + \beta_1 Difi_{i,t} \times W + \beta_2 \sum Control_{i,t} \times W + \mu_{i,t} + \varepsilon_{i,t} \tag{5-6}$$

其中，W 为空间权重矩阵，$\mu_{i,t}$为地区固定效应，$\varepsilon_{i,t}$为随机误差项，其余变量同上。本书选择经济距离权重矩阵，公式如下：

$$W_{ig} = \begin{cases} \dfrac{1}{|g_i - g_j|}, i \neq j \\ 0, i = j \end{cases} \tag{5-7}$$

样本之间存在空间相关性是进行空间计量分析的前提。借鉴 Moran（1950）的研究，使用 Moran's I 指数进行验证，其公式如下：

$$Moran's\ I = \frac{\sum_{i=1}^{n}\sum_{j=1}^{n} W_{ij}(X_i - \bar{X})(X_j - \bar{X})}{S^2 \sum_{i=1}^{n}\sum_{j=1}^{n} W_{ij}} \tag{5-8}$$

$$S^2 = \frac{\sum_{i=1}^{n}(X_i - \bar{X})^2}{n} \tag{5-9}$$

其中，X_i为地区 i 的样本观测值，n 为地区总数，W_{ij}为空间矩阵。

基于经济距离矩阵，计算各省区市乡村振兴的全局 Moran's I 值。

表 5.13 报告了 2011 ~ 2019 年各省区市乡村振兴的全局 Moran's I 值，估计结果显著为正，表明两者存在明显的空间正相关性。

表 5.13　　2011 ~ 2019 年乡村振兴全局 Moran's I 值

年份	Moran's I 值	P 值
2011	0.437***	0.000
2012	0.433***	0.000
2013	0.436***	0.001
2014	0.398***	0.000
2015	0.389***	0.001
2016	0.381***	0.000
2017	0.364***	0.000
2018	0.377***	0.002
2019	0.405***	0.000

注：*** 分别表示 1% 的显著水平，括号内为 T 值。

为稳妥起见，在对模型进行估计前，本书对空间计量模型的形式进行检验，以确保模型选择的正确性。表 5.14 报告了空间计量模型形式检验结果。从 LM 的检验结果来看，都通过了 1% 的显著性检验，因此本书选择空间杜宾模型合适。

表 5.14　　空间计量模型形式检验结果（经济距离矩阵）

检验类型	统计量	P 值
LM - lag	100.472	0.0000
R - LM - lag	45.137	0.0000
LM - err	62.352	0.0000
R - LM - err	63.457	0.0000
Hausman	27.36	0.0000

由于 Hausman 检验通过 1% 的显著性结果，说明本书应选择空间杜宾模型的固定效应形式。由表 5.15，双向固定效应模型的 R^2 值为 0.8085，模型拟合度最优，故本书最终构建双向固定效应的空间杜宾模型。三种效应下空间自相关系数（Rho）均显著为正，表明本地乡村振兴建设会受周边省区市乡村振兴建设的正向影响。数字普惠金融的系数都显著为正，表明数字普惠

金融能显著推动乡村振兴，与基础回归的结果相同。

为准确分析各个因素对乡村振兴的影响，进一步将双向固定效应的SDM模型的空间效应分解为直接效应和间接效应。其中，直接效应指数字普惠金融发展对本地乡村振兴的影响，间接效应指本地数字普惠金融的空间溢出效应，即对邻近省区市乡村振兴建设的影响。由表5.15可知，直接效应的系数显著为正，而间接效应没有通过显著性检验，说明数字普惠金融的发展主要是促进本省区市乡村振兴建设，而对邻近省区市的乡村振兴建设的影响不显著。也就是说，数字普惠金融对乡村振兴的影响不具有空间上的溢出效应。

表5.15　数字普惠金融的空间杜宾模型回归结果（经济距离矩阵）

	双向固定	个体固定	年份固定	直接效应	间接效应	总效应
Difi	0.0513*** (9.62)	0.0703*** (8.37)	0.1306*** (10.83)	0.1128*** (4.69)	0.0126 (0.83)	0.1254** (2.58)
省区市	控制	控制	不控制	控制	控制	控制
年份	控制	不控制	控制	控制	控制	控制
Rho	0.3604*** (21.54)	0.4103*** (23.88)	0.3742*** (21.76)			
R^2	0.8085	0.6602	0.5406			

注：**、***分别表示5%、1%的显著水平，括号内为T值。

为了提高结论的可信度，本书还用地理邻接权重矩阵进行了稳健性检验。其公式如下：

$$W_{ij}=\begin{cases}1, i\text{ 和 } j\text{ 空间邻接}\\0, i=j\text{ 空间不邻接}\end{cases} \tag{5-10}$$

回归结果见表5.16。从R^2来看，仍然是选择双向固定效应模型更为合适。Rho都显著为正，表明该省区市的乡村振兴建设会受到相邻省区市乡村振兴建设的影响。在对效应进行分解后，直接效应显著，间接效应不显著，表明数字普惠金融的发展主要是促进本省区市乡村振兴建设，而对邻近省区市的乡村振兴建设的影响不显著，研究结论具有稳健性。

表 5.16 数字普惠金融的空间杜宾模型回归结果（地理邻接矩阵）

	双向固定	个体固定	年份固定	直接效应	间接效应	总效应
Difi	0.0273*** (2.86)	0.012*** (2.97)	0.0287*** (3.74)	0.1157*** (3.35)	0.1144 (1.54)	0.2301*** (2.69)
省区市	控制	控制	不控制	控制	控制	控制
年份	控制	不控制	控制	控制	控制	控制
Rho	0.3412*** (11.76)	0.2813*** (14.82)	0.2533*** (17.65)			
R^2	0.9593	0.7991	0.7886			

注：**、*** 分别表示 5%、1% 的显著水平，括号内为 T 值。

5.5 小 结

本章对数字普惠金融和乡村振兴之间的关系进行了实证分析。研究结果表明：(1) 数字普惠金融的发展对助力乡村振兴建设具有显著影响，从细分领域来看，数字普惠金融覆盖广度和数字化程度都对乡村振兴建设具有积极作用，但数字普惠金融使用深度并未表现出对乡村振兴建设的积极作用；(2) 科技创新能力提升、产业结构升级和创业活力在数字普惠金融助力乡村振兴建设过程中发挥中介效应；(3) 数字普惠金融对乡村振兴建设的影响具有区域异质性，数字普惠金融的积极作用在中西部地区更为显著，而在东部地区不显著，这与数字普惠金融的“普惠”特征相契合；(4) 数字普惠金融对乡村振兴的影响是非线性的，存在单门槛效应，在低数字金融水平时，对乡村振兴的积极效应更大，而在过了门槛值后，数字普惠金融的积极效应有所减弱；(5) 乡村振兴和数字普惠金融皆存在显著的空间集聚效应，但数字普惠金融的发展仅能促进本省区市的乡村振兴建设，而对其他省区市的乡村振兴建设没有显著影响。

| 第 6 章 |

数字普惠金融助力乡村振兴建设的典型案例研究

党的十九大明确提出要实施乡村振兴战略和“深化金融体制改革，增强金融服务实体经济能力”，而数字普惠金融正是支持乡村振兴的重要力量。习近平总书记在 2019 年全国金融工作会议上指出：“要建设普惠金融体系，加强对小微企业、‘三农’和偏远地区的金融服务。”作为中国改革开放的先行地和重要窗口，浙江省积极响应党的十九大所提出的乡村振兴战略，加快推进农村现代化进程决胜全面建成小康社会，并基于习近平总书记“两山理念”的指引进行了乡村治理改革的伟大实践，通过发表各类指导性文件有力推动了乡村振兴的稳步实施，于各个方位规范了浙江省乡村产业、文化、人才、生态环境等的全面协调可持续发展。2020 年 3 月底，习近平总书记赋予了浙江省“重要窗口”的重要地位和全新使命。浙江省在乡村振兴的战略背景下，牢固树立“两山理念”，持续推进“千万”工程，全面深化各项改革，努力将浙江建设成乡村振兴的先行区，为中国美丽乡村提供浙江范本。作为国务院批准的第二批国家级普惠金融改革试验区，福建省宁德市通过强化政府引导、持续探索创新、做好风险防范，积极推进普惠金融改革试验区建设，形成了一系列在全国、全省“叫得响、铺得开、有品牌、有时效”的模式和特色亮点，为发展注入了金融“活水”。在探索普惠金融助力乡村振兴的过程中，宁德市的普惠金融改革取得了较大成绩：金融服务可得性持续改善、金融服务使用程度稳步加深以及金融服务质量明显改善。本部分针对浙江省农村信用联社和宁德市普惠金融改革试验区探索乡村振兴的案例进行分析，并对其经验进行归纳总结，试图为其他地区利用数字普惠金融助力乡村振兴建设提供一定参考。

6.1　浙江省农村信用联社和农商银行助力乡村振兴的案例分析

2018年8月20日，农业部和浙江省共同签署了部省共建乡村振兴示范省合作协议，自此，浙江省成为全国唯一的部省共建乡村振兴示范省。浙江省位于长江三角洲南翼，陆域面积10.55万平方公里，海域面积26万平方公里，辖11个设区市、90个县（市区）、1360个乡镇（街道），有村民委员会20402个，农村常住人口1755万，是全国农业现代化进程最快、乡村经济发展最活、乡村环境最美、农民生活最优、城乡融合度最高和区域协调发展最好的省份之一。此外，浙江省金融服务的包容性可与高收入的OECD国家和地区相当，多项数字普惠金融指标逼近高收入OECD国家和地区水平，主要金融机构的网上银行、手机银行和第三方支付的渗透率、满意度和使用率高，在普惠金融发展方面均处于世界领先地位。浙江省不仅走在金融科技创新前沿，更是以打造国际金融科技中心为愿景开启了浙江数字普惠金融的新篇章。在此背景下，对浙江省数字普惠金融助力乡村振兴的案例进行分析，并进一步总结其经验，对全国范围内借助数字普惠金融实现乡村振兴具有重要的指导意义。

浙江省是我国率先完成脱贫攻坚任务的省份，2020年其城乡收入比仅为1.96，8年来呈不断缩小趋势，在全国属于领先水平，浙江已成为农民生活最优、城乡融合度最高的省份之一。为了进一步助力乡村发展，浙江农信积极响应国家号召，始终坚持"姓农、姓小、姓土"的定位，扛起了地方金融排头兵、农村金融主力军、普惠金融引领者的使命担当，努力成为"做业务最实、与民企最亲、离百姓最近"的银行，在助力乡村振兴方面作出了积极贡献。截至2020年末，浙江农信累计投放乡村振兴领域贷款5013亿元，用三年时间提前完成"五年新增5000亿元贷款"目标。其中，普惠金融惠民成效更加突出，涉农贷款余额1.25万亿元，是2015年的1.89倍，占全省份额 26.76%；农户贷款余额 0.88 万亿元，是 2015 年末的 2.29 倍，占全省份额 47.50%；小微企业贷款余额 1.16 万亿元，是 2015 年末的 1.92 倍，占全省份额 24.74%。目前，浙江农信承担了全省 1/2 的农户贷款、1/4 的民营小微企业贷款、3/4 的农民专业合作社贷款、绝大多数的低收入农户贷款。积极构建“基础金融不出村、综合金融不出镇”的服务体系，通过创新“小微续贷通”“普惠快车”“小微专车”“企业直通车”等产品和模式，在帮助民营小微企业减负降本、破解“融资难”“融资贵”等方面取得了较好的成效，贷款支持民营小微企业 7854 亿元；以数字化转型和大零售转型持续完善渠道、产品和服务网络，以实际行动体现农村金融主力军的担当；支持当地民宿发展，以好山好水好营商助力乡村振兴；为农户提供无保证、无抵押的纯信用贷款，破解了信用评定难、群众贷款难、金融普及难等问题，在极大程度上满足了农村地区对金融的需求。

（1）实施小微金融工程计划，赋能小微企业发展

作为中国经济和社会发展的新生力量，小微企业是实现经济持续增长、促进包容性经济发展的重要力量。当前，我国的宏观经济环境复杂多变，加上产业结构的不断调整，小微企业在获得发展机遇的同时，也需要应对各种风险和挑战。在此背景下，浙江省联社加快创新步伐，结合不同金融服务的特点，通过多种方式尽可能地满足小微企业多样化的金融需求，助力“小巨人”茁壮成长。早在 2015 年，浙江省农信联社就开始实施“助力小微企业三年发展计划”，并在结束后明确了滚动实施该计划的政策。近年来，受新冠肺炎疫情的影响，小微企业发展困难，不少企业遭遇了资金紧张的难题，甚至部分企业因此而破产。在我国，小微企业的资金主要来自数量有限的传统商业银行，其可持续增长受到“融资难”“融资贵”等现实困境的制约。为了满足小微企业对资金的多样化需求，浙江省农信联社在创新推出“一次授信、循环使用、随借随还”的“小微速贷”信贷产品服务模式基础上，进一步运用互联网、大数据、决策引擎、机器学习建模等新一代信息技术，创新“小微易贷”信贷产品服务模式，实现客户“在线申请、在线签约、在线放款”，持续满足小微企业“短、频、快”特色和多元化流动资金需求，引导实现“无还本续贷”线上化，缓解优质小微企业转贷压力，降低企业综合融资成本。截至 2021 年 8 月，浙江农信“小微速贷”贷款户数 58631

户，贷款余额773.62亿元，贷款余额增幅达83.73%；“小微易贷”贷款户数24561户，贷款余额142.99亿元，贷款余额增幅达314.18%。

贷款手续烦琐也是制约小微企业获得金融服务的一大难题。为了解决该问题，浙江农信联社进行了数字化改革，优化了各种贷款的办贷流程。在改革之前，贷款人需要近10种纸质资料、40张表单和15次签字才能获得贷款，而现在仅需要4条验证短信、3次刷脸、2次线上签名和1次线上表单填写就可以完成，大大降低了小微企业的办贷难度，时间也从90分钟缩短为30分钟，给予了小微企业极大的方便。此外，通过数字化转型，各部门之间的信息可以实现有效整合，系统也可以更加便捷地判断客户是否符合借贷条件，进一步优化了融资的审批流程。在数字化改革的推动下，浙江农信社可以借助“大数据”挖掘小微企业的“小信用”，以“数据跑”代替了“客户跑”，在满足小微企业“短平快”的金融需求方面具有重要意义。

为了帮助青年创业，瓯海农商银行推出了“青创贷”，有效缓解了青年创业时面临的资金周转压力，化解了企业无担保、资金吃紧难题。为了解决学子们创业起步时资金短缺的难题，瓯海农商银行又推出了“学子创业贷”。此外，浙江农信联社还相继推出了“小微贷阳光码”“小微信用贷”“税银贷”等信用贷款产品以及“无还本续贷”等一系列金融产品，借助人工智能和大数据的发展，浙江农信联社得以充分利用贷方在互联网上的借贷信息，简化了信用审查流程，缩短了信息审查的时间，可以很好地满足“贷款期限短、贷款额低、贷款频率高、贷款及时性强”的微型企业融资需求。特别是疫情以来，浙江农信联社持续加大普惠小微信用贷款投放力度，积极提升中小微企业信用贷款占比，通过“一企一策”落实帮扶、“首贷拓展”等手段，以数字普惠金融助力小微企业发展。截至2021年8月，小微企业首贷户拓展4.53万户，占全省银行业的56.76%。

（2）为春耕备耕浇灌金融“活水”，确保粮食安全

我国人口约占全球人口的20%，但分别只有世界水资源和耕地面积的6%和8%。部分国内外学者对我国的粮食安全做了悲观的预测，但我国政府承诺将会养活日益增长的人口。为此，政府采取了一系列强有力的政策和措施来确保粮食安全。其中，农村制度创新、农业技术变革、市场改革和增加农业投资是我国拉动农业增长和确保粮食安全的四大重要措施。在过去的时

间里，实现粮食自给自足、确保粮食安全是政府一直关注的问题。在此背景下，浙江省农信联社积极投入金融支持春耕备耕的行动中，把更多金融资源配置到农村经济社会发展的重点领域和薄弱环节，更好地满足乡村振兴多样化的金融需求。

2020 年春耕时节，受疫情影响，多数上游厂家都处于半停产状态，导致市面上种子、化肥等都供应紧张，各类蔬菜的销售流通也受到很大制约。尽管处于疫情防控的特殊时期，农民们早已在田间地头忙活，但春耕备耕所需的资金却深受疫情影响。在 2020 年 2 月，作为农村金融主力军的农信联社复工复产和疫情防控两手抓，投入 100 亿元信贷资金专项服务春耕备耕。为了弄清楚涉农主体的春耕备耕情况和对金融的真实需求，浙江农信联社调动广大干部员工通过“走千访万”活动摸排各类农业经营主体全年生产计划和相应资金需求，将资金更多地用于满足涉农主体对进购种子、化肥、农药、农膜等方面的需求。截至 2020 年 4 月，全省农信机构累计发放支持春季农业生产贷款 444. 17 亿元，为“三农”减费让利超 1. 85 亿元，受益企业和农户超 3. 3 万户。

2021 年春耕生产季，疫情仍然深深影响着农民的农业生产活动，有了上一年的经验，浙江农信联社先谋快动，投入超 354 亿元助力春耕备耕。为了不耽误农时，农信联社对所有春耕备耕贷款开通了快速通道，确保贷款在当天就可以办理完结。此外，对受疫情影响严重、授信到期暂时还款困难的农业经营主体，农信联社通过贷款展期或续贷、执行低息利率等方式给予支持。同时，农信联社通过召开视频会议、线上审批、线上放款等方式，大大提高了业务办理效率。对于不了解信贷政策和金融服务的农户，农信联社还安排金融服务专员进行一对一服务，为农户讲解相关政策和贷款办理流程。考虑到农户在春耕备耕期间工作繁忙，农信联社还提供预约上门服务，可以在农户的闲暇时间进行签约。值得一提的是，通过“浙里贷”等电子平台，农户可以方便地在线申请贷款，足不出户就可获取金融服务。截至 2021 年 3 月，浙江农信信贷支持春耕备耕贷款余额达 354. 38 亿元，较年初新增 63. 04 亿元，支持户数达 20. 23 万户。其中，保障种子、化肥、农药、地膜等重点生产环节投放贷款 61. 95 亿元，通过减费让利等手段为农户让利达 1. 12 亿元，惠及 4. 34 万户。

（3）助力乡村旅游，描绘新时代“富春山居图”

浙江省是中国最早发展乡村旅游的省份之一，特别是近 10 年来，浙江省乡村旅游一直走在全国前列。浙江省乡村旅游始于 2003 年，当时浙江省做了实施“八八战略”的重大决策，并在浙江省启动了“千村示范、千村改造”项目。随着浙江“千村示范、千村改造”项目的开展，“美丽村庄”的内涵不断丰富。从美丽的生态到美丽的经济再到美丽的生活，三美的融合为浙江农村带来了活力，促进了乡村旅游产业的升级，为农村人民带来了“美丽经济”的绿色收入（Zhou，2019）。基于此，浙江农信联社在服务乡村振兴的过程中，充分挖掘当地特色的农村旅游资源，持续加大信贷支持、提升金融服务质效，以优质的金融服务为乡村旅游的不断发展提供了有力支持。

资金短缺、缺少金融服务通常是影响乡村旅游的重要因素。针对该问题，农信联社创新性地推出了“农户小额普惠贷款”“信用贷”“民宿贷”和“助农贷”等特色产品，让资金可以直达乡村旅游。针对农村旅游有效担保缺失问题，农信联社通过公益林补偿收益权质押贷款、民宿经营权抵押等方式，有效满足了乡村旅游全链条对融资的需求。配套措施缺失是影响乡村旅游的另一大要素。浙江农信联社通过旅游产业上下游的价值关联，完善金融配套设施，持续改善支付结算环境，优化融合现金、手机银行、POS 机、普惠金融服务点、扫码收单支付、丰收一码通等多位一体的支付结算体系。同时结合丰收互联 App 提供线上商超、扫码点餐及推广“智慧停车”无感支付等场景服务，不断提高乡村旅游服务质效，提升消费体验。

要想发展好乡村旅游，仅靠金融机构是远远不够的，因此浙江农信联社积极与政府、经营主体对接，通过构建金融信息库以及定期开展旅游项目推介会等方式，在金融机构、政府以及经营主体间构筑了桥梁，解决了信息不对称的难题。此外，乡村旅游通常分布较散，缺乏高素质人才队伍的支持，要想发展好乡村旅游，必须打破人才“瓶颈”。针对该问题，农信联社推出了“乡村振兴人才普惠贷”“乡村振兴农业生产经营人才贷”等五大产品，吸引了不少农旅服务、农村电商等领域的人才。杭州市委人才办与杭州农信联合发布杭州市乡村振兴人才银行“春雨计划”，成立杭州市“乡村振兴人才银行”。计划至 2021 年底，实现杭州市委人才办认定的乡村人才金融服务授信覆盖率 100%。五年内，提供不少于 500 亿元乡村振兴人才专项信贷资金。

在发展乡村旅游过程中，想让“流量”变“留量”，关键是要做好文化传承，挖掘当地特色的乡村旅游资源。在以金融服务乡村旅游过程中，农信联社将更多的资金向非物质文化遗产的保护与非遗技艺的传承倾斜，引导群众更加关注文化的传承发展，为当地乡村旅游发展营造了良好的文化氛围。例如，南浔农商银行向南浔湖笔制作技艺和蚕丝织造技艺推出无需抵押、无需担保、随贷随取、随借随还的“匠心贷”专属产品用于生产经营和生活消费，并给予业务优先办理、利率执行优惠的“双优”政策。

（4）金融支持产业链“全面复活”，激发乡村产业活力

乡村振兴的总要求中明确强调产业兴旺，提出要支持现代农业发展。坚持农村优先发展必然首先要有繁荣的农村产业作为支撑，只有在建设现代化国家的基础上因地制宜地调整、实施相应措施，突出其特色、优势，才能形成既有强大市场经济竞争力又有经济可持续发展的现代工农业发展新体系，使国家的发展更有活力，促进经济社会发展。扶持好龙头企业，将上下游企业与龙头企业的发展连接起来，就能激活产业集群一大片。基于此，浙江农信联社积极支持乡村产业链发展，为各类涉农主体在获取贷款上给予各种便利。

浙江衢州市全面推行养猪生态化，以养猪为中心，打造了一条包含“猪粪收集＋沼气发电＋有机肥生产＋种养殖利用”的县域大循环、“规模养殖场＋农村沼气＋农业园区”的区域中循环以及种养规模匹配、排泄物就地消纳的生态农业小循环在内的循环产业链。2018 年，衢州市衢江区的生猪养殖产业链被认定为省级的生猪产业示范性全产业链。在相关政策的支持下，衢州市的生猪养殖迅速发展起来，但产业发展需要大量资金的支持，加上生猪养殖主体相对分布较散、经营规模较小和抵押物不足等问题，严重制约了当地生猪养殖的发展壮大。

如何为农户解决资金不足的难题，为农户提供优质的金融服务，成为浙江农信联社的一道“必答题”。为了解决该问题，其辖内的龙游农商银行推出了绿色循环贷，使原本可能造成污染的生猪养殖粪污得以有效控制和充分利用，也在很大程度上改善了当地的生态环境，为“美丽乡村”建

设贡献了力量。

（5）发展供应链金融，更好地服务实体经济发展

乡村振兴需要乡村产业的支持；乡村产业的兴旺，需要一批创新能力强、产业链条全、绿色底色足、安全可控制、联农带农紧的农业全产业链提供支撑；农业全产业链的培育发展，则需要畅通资金链。以往乡村产业的发展更多地从财政涉农资金、地方专项债券等渠道来获取资金，此外会有少量的社会资金参与其中，但要想发展壮大农村产业，仅仅依靠这些资金是远远不够的，需要引导金融机构提供产业链信贷服务，即发展供应链金融。为了更好地带动乡村产业的发展，浙江农信联社持续跟进龙头企业及其牵头下的农民合作社、家庭农场和广大农民，并积极与科研、互联网、品牌创意机构沟通，有效地将金融产品和服务嵌入供应链体系中。

浙江农信联社积极发展供应链金融，在金融机构与核心企业之间建立连接，探索实现"核心企业（平台）+协同企业+链网式金融"的服务方式，推动形成更加稳固的"核心企业+战略合作伙伴"链网，努力将服务渗透到产业链生态圈的各个角落。为了更好地发展供应链金融，浙江农信联社牵手浙农集团和杭州联合银行，探寻金融助农的最佳方式。浙农集团始创于1952年，有近1000亿元的销售规模，主要立足于化肥、农药、农膜等农资业务，在购销农资上与大量的小微农业企业以及农户建立了联系，了解中小农户的经营状况、信用能力和偿还能力。通过与浙农集团合作，浙江农信联社可以较为便捷地获取涉农主体的资信状况，并据此设立白名单，有效解决了部分涉农主体抵押能力不足的难题。首款农业供应链金融产品——e农贷，正是供应链金融发展的结晶。截至2021年8月，浙江农信供应链金融服务核心企业135家，较年初增加41家，服务上下游客户715户，较年初增加174户，合同签约金额4.89亿元，较年初增长53.78%，贷款余额3.83亿元，供应链贷款余额增幅63.27%。

（6）进行数字化改革，助力"智慧乡村"建设。

农村地区的可持续发展面临诸多的挑战，智慧乡村建设是实现乡村可持续发展的重要方式。人们通过智慧村庄的倡议和实践对实现农村地区的可持续发展抱有诸多期望，尤其是在我国。我国是一个人口众多的国家，尽管通过"脱贫攻艰"已经消除了绝对贫困，但相对贫困仍然存在，智慧乡村建设

对促进我国农村地区发展依然十分重要。我国政府也制定了相关的战略规划，确保智慧村庄在的倡议和实践能够真正帮助乡村实现可持续发展。智慧乡村是一种农村发展模式，它是指在明确农村发展特点和需求的基础上，充分利用 ICT（信息通信技术）提供的解决方案，促进村庄的可持续发展（Zhang and Zhang，2020）。为了更好地助力“智慧乡村建设”，浙江农信联社积极进行数字化改革，利用数字技术进一步发展普惠金融的积极作用，希望能够有效降低金融服务门槛和成本，提高为各类涉农主体提供金融服务的效率。

近年来，整个银行业都在探索数字化改革与转型。浙江农信作为服务广大农村的重要金融机构，也深入贯彻“互联网+普惠金融”的策略，不断在业务模式、信贷产品以及服务渠道等领域进行数字化改革，大大提高了服务乡村建设的能力，经营业绩也不断攀升。截至 2021 年 8 月，其本外币存款余额已经突破 3 万亿元，从 2018 年的 2 万亿元到 2021 年的 3 万亿元仅仅用了 3 年时间，这与浙江农信积极推行数字化改革息息相关。在自身实力不断增强的同时，浙江农信在服务“三农”发展、支持小微企业壮大的能力也在不断增强。早在 2018 年，浙江农信就研发推出了纯线上小额信用贷款产品“浙里贷”，通过大数据手段，将人民银行征信、税务、工商等政府公共数据整合在一起，大大降低了金融机构与涉农主体间的信息不对称，为解决部分涉农主体抵押物不足的难题提供了思路。同时，作为民营经济大省，浙江省内有众多的小微企业，可因为实力较弱、风险较高而面临较强的融资约束，因此有旺盛的融资需求。浙江农信在进行数字化改革的同时，推行“小微速贷”“小微易贷”等数字化信贷产品，有助于小微企业以更快的速度获得融资成本更低的贷款，大大缓解了其融资压力。此外，浙江农信与浙江省农业农村厅合作，推广农村集体经济数字管理系统，通过其旗下的“丰收互联”App，就可以“一网通办”各项政府，享受“互联网+金融+社保+医疗+社区+行社”的一体化便利服务。面对疫情期间，部分农户农产品滞销的问题，浙江农信在其 App 上开通了帮扶助销，通过顺丰速运、送货上门等服务有效解决农户的难题。浙江农信还进一步与农业基地合作，既解决了农产品的销路问题，也有效缓解了疫情期间的“买菜难”。智慧乡村建设，其重要的一个内涵是农业的智慧化，浙江农信通过“一对一”的主动上门服务和

"金融＋合作社＋低收入农户"的链式帮扶方式，大力推动农业智慧化。其下辖的衢江农信联社推出"财期贷"，为种养大户、家庭农场、农民专业合作社或联合社、农业龙头企业等涉农主体解决了农业项目抵押担保难题。在浙江农信数字普惠金融的支持下，智能大棚、温室环境自动控制、肥药精准施用、病虫害智能监测、农用无人机作业等在浙江省内大范围应用，定制农业、创意农业、认养农业、云农场等新业态新模式方兴未艾，有力地促进了智慧乡村的建设。

电子商务的发展也为浙江省智慧乡村的建设贡献了力量。2020年，浙江省活跃的涉农电商达到2.4万家，农产品网络零售1109.5亿元，增长31.6%。义乌市成功入选2020年国务院"督察激励县"。平阳县等13个县（市）获评2020年国家电子商务进农村示范县。依据阿里研究院的数据，浙江省的淘宝村在全国的占比达到32.4%，以农产品上网为重点，大力促进了农村电商发展。黄岩商务局与浙江农信牵手，共同签订了《黄岩电商创业贷款实施细则》。浙江农信对创业者的贷款申请遵循"先授信、后放贷"的原则，尽可能地缩短办理时间，简化发放程序，保证贷款有效发放，并要求下辖的各个支行相互支持、相互配合，对引导电商合法创业、诚信经营提供了保证。浙江农信自身也积极发展电子商务，自主开发了丰收购电商平台，将资金流、信息流和物流融为一体，为客户提供信息发布、在线交易、支付结算、分期付款、融资贷款、资金托管等全方位的专业服务。该平台为以浙江本地名特优农副产品为主的商品提供销售、购买、支付结算、消费金融等一揽子的金融电商服务。同时，依托线下2万多家农信服务点等传统网络渠道优势，积极打通浙江农村"最后一百米"，支持农村电商创业和农村居民电商消费，为"三农"互联网创业创新注入了强劲活力。

6.2　宁德普惠金融改革试验区数字普惠金融助力乡村振兴的案例分析

宁德市，是福建下辖的一个地级市，位于福建东北翼沿海，别称闽东。宁德市的陆地面积为1.35万平方千米，下辖六县、代管二市（县级），常住人口为314.6789万。2021年，宁德市的GDP为3135.08亿元。宁德市的农产品有水稻、甘薯、甘蔗、茶叶（特产“天山银毫”“茉莉春豪”等名茶）等，沿海盛产黄鱼（有“中国大黄鱼之乡”的美誉）、对虾等农产品。但宁德市曾是一个典型的贫困地区，一度被列为全国集中连片贫困地区。2019年11月，经国务院批准，宁德市成功入选“普惠金融改革试验区”名单，自此肩负了推动革命老区脱贫攻坚、振兴发展的重要使命。改革开启以来，宁德市积极探索创新产品和创新模式，在全省率先设立了市级普惠金融服务中心、普惠金融司法协同调处中心。经过两年多的实验，宁德市的普惠金融实践取得了较好的成效，已经积累了一定的经验。截至2021年9月，宁德全市普惠小微贷款余额363亿元，同比增长34.4%，增速位居全省第一；全市涉农贷款余额约1200亿元，同比增长14.4%，高于全省平均水平2.79个百分点；2021年1~8月，全市农险保费收入超9000万元，同比增长16.3%，为各类农业风险提供保障约273亿元。近年来，宁德市以创建国家级普惠金融改革试验区为契机，大力推进金融服务向贫困地区延伸覆盖，在构建市、县两级担保体系、破解农户抵押融资难题、构建农村金融生态上持续发力，并首创了“担保云”线上平台以及“鱼排养殖贷”“信用村镇创建”等普惠金融创新成果，极大地满足了宁德市广大涉农主体的金融需求。

（1）加大现代农业产业支持力度，助力乡村产业兴旺

依托宁德创建国家级普惠金融改革试验区契机，宁德农商银行重点围绕“落实乡村振兴战略、激活农村要素市场、畅通农产品流通循环、挖掘农村消费市场”实施创新突破，针对目标客群定位的差异化需求，做精做好金融产品设计，全力扶持食用菌、蔬菜水果、林竹花卉、茶叶、水产养殖等当地特色农业产业，为区域高质量发展注入新的发展动能。目前，全行涉农贷款余额48.29亿元，通过“福农贷”“海参贷”“金草莓贷”“金黄鱼贷”等极具地方产业特色的金融产品，支持“三农”群体5.6万多户生产经营。聚焦大众普惠，大力推广“福农e贷”“惠宁快贷”等线上快捷信贷产品，聚力“做小做散”，践行普惠金融。

高山生态农业是宁德市重点发展的农业项目之一，其中猕猴桃、水蜜桃和翠玉梨等高优特色农业产业是支柱性产业。被喻为“高山明珠”的宁德市虎贝镇，平均海拔800米，干湿冷热明显，早晚温差大，雨量充沛，具备种

植高山生态晚熟猕猴桃的良好条件。2016年，该镇引进优质猕猴桃种苗15亩，推行良种化、标准化、商品化种植，到2021年初，全镇种植高山生态猕猴桃1100多亩，高山高优千亩晚熟猕猴桃种植基地已初具雏形。但随着种植规模的扩大，农场搭架扩建、购买果苗、化肥等处处要钱，信贷约束问题限制了当地农业产业的发展。为进一步助推乡村振兴，激活农村要素市场，畅通农村经济内循环，人民银行宁德市中心支行于2021年3月出台了《关于开展农村生产要素融资服务试点赋能乡村振兴的通知》，指导地方法人金融机构因地制宜，探索创新适合当地实际、可操作性强的金融产品与服务方式。例如，宁德农商银行探索以集体股权、土地承包经营权、农民住房财产权、花木果树农作物等各类农村要素抵质押的可行性，再配套再贷款专项资金和专属信贷产品，助力盘活农村“沉睡”资产，让资源变资产、资产变资金成为现实。

（2）拓展农村绿色金融业务，助力乡村生态宜居

作为全国最“绿”的省份，福建省始终高度重视绿色发展，已将“碳达峰、碳中和”纳入生态省建设整体布局。《福建省政府2021年发展规划》明确提出，要培育壮大绿色经济，创新碳交易市场机制，大力发展碳汇金融。2022年8月17日，全国首单农业碳汇保险在福建宁德福鼎市试点落地，为福鼎市特色农业产业提供300万元碳汇损失风险保障。本次首批试点投保标的为福鼎市全市30万亩生态茶园、宜种植被及其种植区域农田，包含木本、草本、禾本和藤本农作物及其所种植区域农田所产生的年增汇量，保险金额300万元，年保费24万元。农业碳汇保险赔款可用于对灾后农业碳汇资源救助、提高农田土壤肥力、改善种植管理、培育技术创新等加强产业与农田生态功能修复的有关费用支出。出险后，保险公司借助卫星遥感技术高效监测损失情况，与主管部门联合查勘，可在灾后第一时间将赔款支付到位，为灾后减损、固碳能力修复争取宝贵时间。农业碳汇保险，将科技创新与数字赋能融入乡村振兴战略，保障福鼎茶产业高质量发展，探索出一条“乡村振兴+绿色发展”共赢的新路子，开启了产业“双碳”工作的绿色新画卷。

近年来，宁德市以绿色作为发展底色，将绿色金融视为城市发展的重要引擎，不断探索发展绿色金融体系，加大绿色信贷投放力度，有力助推了宁

德生态环境保护、绿色产业壮大与经济的可持续发展。作为国家重点生态功能区，周宁县绿色家底厚实，全县林木蓄积量445万立方米，森林覆盖率72.96%，林业碳汇资源十分丰富。为了更好地发挥森林的生态效益，周宁县为县域范围内拥有碳汇资源的农户、村集体经济组织、新型农业主体、小微企业等，量身打造了专属碳汇金融产品“碳汇贷”。与传统的抵押品不同，“碳汇贷”引入了绿色资源要素，碳排放收益可作为现金资产。截至目前，该县已有9家合作社共计获得“碳汇贷”136万元，切实享受到了森林带来的红利。近年来，周宁县发挥山林资源优势，以竹木碳产品价值实现机制创新为抓手，通过碳汇收储、碳汇交易，点碳成金，为乡村振兴、产业发展注入新动力。

（3）加大金融普惠力度，助力乡风文明建设

从脱贫攻坚到乡村振兴，如今的农村面貌焕然一新。为深入推动金融消费者宣传教育，积极履行保护消费者权益责任，中国人寿宁德分公司开展了多次金融知识宣传活动，特别是针对获取金融知识宣传相对薄弱的民族地区，开展了2022年“3·15消费者权益保护教育宣传周”之“金融知识进畲乡”公益宣传活动。通过悬挂宣传条幅、分发宣传折页、现场解答群众等方式，使广大村民了解了电信诈骗以及常用的基础金融知识，提高了其风险识别能力和自我保护意识，进一步增强了其金融素养。

（4）优化农村金融生态环境，助力乡村治理有效

为了加快推进全市社会信用体系建设，促进农村经济金融资源的有效配置，以信用促进全市农村融资环境优化和支农体系建设，宁德市政府办于2019年出台了《宁德市创建普惠信用乡镇、信用村工作方案》。“普惠金融信用乡镇、信用村”原则上有效期为三年（文件发布之日开始计算）、每年进行一次审核。各县（市、区）创建领导小组负责对所在地的普惠金融信用乡镇、信用村进行动态管理，并定期向市创建领导小组报告管理对象情况。普惠金融信用乡镇、信用村出现不符合评定标准的指标等情况的，进行内部通报，予以信用警示，并限期在一年内整改，整改到位前暂停部分或全部优惠政策。普惠金融信用乡镇、信用村出现不符合评定标准的指标，且在信用警示后，未能在规定整改期内整改到位等情况的，取消命名并停止所有优惠政策。通过创建普惠金融信用乡镇、信用村工作，推进了守信联合激励和失

信联合惩戒机制，提高了农村地区各类经济主体的信用意识，为全面实施“一二三”发展战略、推动高质量发展提供了优良的金融信用生态环境。目前，宁德全市共创建信用村 252 个、信用乡（镇）12 个，海上信用渔区 14 个，累计向普惠信用村镇发放 17.37 亿元，比创建前增长 2.16 倍，惠及 4.22 万农户，为闽东特色乡村振兴注入了金融活力。

（5）加强精准扶贫金融服务，助力农民生活富裕

为破解个体工商户、小微企业主、农户的“融资难、担保难”问题，从根本上解决“银企信息不对称、融资渠道不畅通、受理环节不高效、调查成本不便宜”等长期困扰担保行业发展的问题，宁德市整合“政、银、担、企”四方诉求，打造了全省首创线上运行担保服务系统——“担保云”，该系统覆盖市、县两级政府性融资担保公司，做到“信息采集一张纸”“流程整合一键式”“客户办贷一次性”，实现最快 3 分钟申贷、0 人工介入、1 天内放款的高效普惠担保业务模式。截至 2021 年 9 月末，“担保云”上共入驻政府性融资担保机构 9 家，在保笔数 2.75 万笔，在保余额 35.53 亿元。全市政府性融担机构在保 2.81 万户、余额 41.43 亿元、放大倍数 3.63，居全省各设区市首位。户均在保 14.73 万元，平均担保费率 0.15%，特别是对 10 万元以下贷款免收担保费，真正体现政府性融担支农支小的普惠性。

6.3 小　结

浙江农信和福建省宁德市金融改革试验区在探索数字普惠金融助力乡村振兴的过程中已经取得了一定的成绩，特别是在增加当地农民收入、减少贫困方面发挥了不可替代的作用。脱贫攻坚任务已经圆满完成，但脱贫户要想不断增加收入，避免返贫，仍需要数字普惠金融的支持。在过去，落后的农村地区作为金融市场的“荒原”，众多涉农主体难以享受到优质的金融服务。而随着数字普惠金融的发展和国家相关政策的支持，将吸引大量资源涌入农村地区，同时也吸引了众多的金融机构。农村地区是农商类银行的主战场，支持“三农”是农村商业银行的历史责任和根本方向。但乡村振兴仅靠农商类银行远远不够，随着农村地区的发展和产业结构升级，各类涉农主体对金

融的需求将不断上升，数字普惠金融的发展将为各类金融的发展提供更多的机会。应鼓励传统金融机构积极参与数字普惠金融，如鼓励商业银行加大金融科技领域的研发投入，支持商业银行和金融科技公司建立合作或自建金融科技子公司等。

产业振兴是农村振兴的基石。产业振兴的关键在于三次产业的统筹发展，农村第三产业的统筹发展离不开政府的支持，离不开体制机制的建设。同时，各区要因地制宜，制定扶持农村产业发展的扶持政策，加强项目的设计和实施。此外，要加强对三次产业融合程度不同地区产业的政府补贴。优先支持落后地区的产业整合，加强对落后地区的政策支持和基础设施投资，缩小差距。加大对农产品从生产到深加工、销售的产业补贴，特别是对示范项目和重点项目给予财政、税收支持。

培育新型产业、新型业态、新型深度融合产业，推进农产品深加工，从根本上提高农产品附加值，是推进农村产业振兴战略的突破口。推进技术升级，促进“互联网 + 农业”和农村电子商务的发展，扩大农产品供应和农产品销售渠道，利用农产品网上销售激活农村产业发展的动力。充分激发各种要素和生活主体，加强品牌建设，加强农民专业合作社。结合农村发展特点，通过三次产业整合，形成“农业 + 工业”“农业 + 旅游”等产业一体化发展，形成要素综合利用的产业发展体系，为振兴农村工业注入新能源。

要鼓励数字金融产品创新，发挥金融机构在乡村振兴方面的作用。政府和相关部门应支持金融机构的创新。创新应以市场为导向，并应通过公共和私人组织的联合工作来实现。应制订适应性政策，支持金融机构创造更多的数字金融产品。从微观经济角度看，金融机构应该提高创新能力，提供更多适合农村居民的数字金融产品，这可以增加农村居民获得工作或成为企业家的机会。为此，金融机构应以客户为中心，根据农村居民的教育和职业等特点，设计合适的数字金融产品。金融机构应根据不同农村地区的发展创造改进其服务。在这个过程中，吸收国外的发展经验是有益的。金融机构应在法律允许的情况下，根据相关法规进行创新，这将有助于金融机构和农村居民相互受益。

第7章

研究结论与启示

在经历了小额信贷、普惠金融等发展阶段后，普惠金融已然进入数字普惠金融阶段。伴随着智能手机的快速普及，数字普惠金融也在我国实现了爆发式的发展。值得一提的是，数字普惠金融在农村的快速发展，有效地缓解了农民，特别是弱势群体面临的融资约束问题，成为乡村发展的重要驱动力。首先，数字金融服务大大降低了农村地区的交易成本。因为数字普惠金融的边际成本较低，依靠信通技术，大大减少了建立实体渠道的成本。虽然新的数字技术在建立数字系统时往往面临更高的初始成本，但随着业务量的增加，它们的边际成本趋向于零。其次，数字金融可以通过发展智能科技来克服信息不对称。在线产品和服务，如在线购物平台和在线社交网络，会产生大量关于个人的信息，这将缓解个人与金融机构之间的信息不对称。最后，数字技术可以改善缺乏抵押品的农民获得信贷的机会。基于大数据分析、云计算等技术，P2P借贷等数字金融利用新的信用评分机制打造无抵押贷款产品。总而言之，数字普惠金融被认为是缓解农民，尤其是弱势群体面临的金融约束的好方法。在克服了缺少金融服务的难题后，农村还可以借助数字普惠金融带来的技术优势推进农业转型升级，并通过网络平台将农产品销售到全国各地。本书在深入分析数字普惠金融和乡村振兴发展现状的基础上，重点研究了数字普惠金融对乡村振兴的影响及其作用机制，这些结论对发展数字普惠金融和促进乡村振兴都有积极效应，依据研究结论提出的政策建议也为相关部门提供了参考。

7.1 研究结论

（1）中国的数字普惠金融近年来取得了重大进展，服务提供商多元化，服务覆盖面广，金融服务渗透率高，省域间的数字金融差距也在逐渐缩小。在追求低收入人群、小微企业和农民的金融福祉方面，中国的数字普惠金融实践逐渐形成了一条独特而可持续的发展道路。但东西部地区的数字金融发展水平仍存在一定差距，需要政府进一步实施差异性扶持政策，平衡东中西部发展。

（2）从乡村振兴的发展状况来看，主要呈波动上升趋势，但波动幅度较小。总体上，伴随乡村振兴战略的实施，各地区在产业发展、生态环保、人才支持和民生保障等领域不断推进，乡村振兴战略取得了新突破、新成效。但区域之间、城乡之间的发展差距仍然是我国的基本国情，是实施乡村振兴战略的最大短板。在运用数字普惠金融实现发展的同时，国家仍需给予乡村发展以支持，不断提升乡村产业发展质量和水平，助力乡村振兴早日实现。

（3）第一，数字普惠金融的发展对助力乡村振兴建设具有显著影响，从细分领域来看，数字普惠金融覆盖广度和数字化程度都对乡村振兴建设具有积极作用，但数字普惠金融使用深度并未表现出对乡村振兴建设的积极作用；第二，科技创新、产业结构升级和创业活力在数字普惠金融助力乡村振兴建设过程中发挥中介效应；第三，数字普惠金融对乡村振兴建设的影响具有区域异质性，数字普惠金融的积极作用在中西部地区更为显著，而在东部地区不显著，这与数字普惠金融的“普惠”特征相契合；第四，数字普惠金融对乡村振兴的影响是非线性的，存在单门槛效应，在低数字金融水平时，对乡村振兴的积极效应更大，而在过了门槛值后，数字普惠金融的积极效应有所减弱；第五，乡村振兴和数字普惠金融皆存在显著的空间集聚效应，但数字普惠金融的发展仅能促进本省的乡村振兴建设，而对其他省区市的乡村振兴建设没有显著影响。

7.2 研究启示

7.2.1 大力支持发展数字普惠金融，加强数字金融基础设施建设

金融设施体系作为国家金融体系的重要组成，在连接金融机构、保障市场运行、服务实体经济、防范金融风险等方面发挥着重要作用。要加快完善金融基础设施体系，推动形成布局合理、治理有效、先进可靠、富有弹性的金融基础设施体系，构建助力于乡村振兴的有效渠道。

（1）加强数字金融平台建设

首先，加快推进农村网络通信基础设施建设，将5G、大数据、人工智能、区块链等新兴科学技术，更广泛、更深入地应用到农村，加强农村地区的信息化建设，完善支撑数字普惠金融发展的硬件设施，构建形成数字普惠金融物质载体，搭建数字金融助力于乡村振兴的渠道。具体而言，为偏远地区增加数字基础设施建设投入，提高网络覆盖率，逐步实现农村网络全覆盖，通过硬件设施的完善弥补落后地区的“接入鸿沟”。其次，加强建设数字化平台建设，借鉴各地数字金融平台建设的经验，打造本地数字金融平台，满足农村贷款融资需求，解决农民“融资难”“融资贵”以及风险高等问题。例如，黑龙江省金融机构打造“智慧乡村”农村金融服务平台，率先推出以“农业大数据+金融”为核心的惠农服务新格局。实现针对农业基础数据，形成全线上实时便捷操作，随用随取、随取随还的新模式。台州市搭建“小微（个体）数字化金融服务平台”，形成了“政企银”多方参与的融资便利机制，为小微企业和个体工商户提供从需求对接、评价授信到事后监管的全链条服务。最后，提高农村地区智能手机及网络通信设备的普及率，提高农村人民利用互联网数据服务以获取数字金融服务的可操作性。让电脑和手机等设备成为农民的“新农具”，形成省时、省事、省钱、省心的“四有”融资方式，助力于农村农业发展，推动乡村振兴。

（2）健全农村金融服务体系

全面提高金融支持乡村振兴综合服务能力，构建包括政策咨询、融资服务、财富管理、支付结算、综合服务等综合性金融服务体系，在更大范围、更深层次上为乡村振兴提供金融支持。首先，应当完善货币政策、财政政策、差异化监管政策等政策保障体系，提高金融机构服务于乡村振兴的积极性和可持续性。开展金融机构服务乡村振兴考核评估机制，从定性指标和定量指标两个方面对金融机构进行评估，强化对金融机构的激励约束，促进更多金融资源配置到农村。其次，积极引导涉农金融机构回归本源，提高金融服务乡村振兴的效率和水平。鼓励开发性、政策性金融机构在业务范围内为乡村振兴提供中长期信贷支持，增强农村经济增长动力。继续加大金融支农力度，鼓励各金融机构将金融资源优先配置到乡村振兴的重点领域和重点产业化龙头企业，通过提供直接融资、并购贷款、资产证券化、资本市场及股权投资、银团贷款等服务，引导培育新型农业经营主体，着力提高金融服务覆盖面和信贷渗透率，激发农村创新创业活力。例如，积极开展小额信用贷款，依托农业产业化龙头企业、产供销综合服务平台等，整合其拥有的上下游农户及其他新型农业经营主体的信息流、物流、资金流，开展线上供应链融资业务；进一步拓宽农村资产抵押质押物范围，在具备条件的地区探索开展农村集体经营性建设用地使用权抵押贷款等业务；持续增加农业农村基础设施建设贷款投放等。

（3）加强金融信用风险控制

加强乡村金融信用环境建设，注重数字金融监管的顶层设计和过程控制，严格控制农村地区金融风险。首先，应当强化金融信用监管的顶层设计，完善乡村金融的相关法律法规和监管规则。数字金融是一种新型的金融模式，按照传统金融监管模式对数字金融行为进行监管难以体现出有效的针对性和适配性，因而有必要立足农民金融素养的现实和数字金融在农村应用的具体特征，对现有的监管规则加以修改和补充，适当提高监管标准，逐步完善技术标准、数据安全、信息披露等方面的法律法规和监管规则，形成刚性与柔性、标准化与多元化相结合的监管机制，确保数字金融在农村金融市场准入、业务合规、技术安全等方面有章可循，维护农村各主体之间的竞争公平性，防范数字金融可能引发的新兴衍生风险以及因监管空白滋生金融信贷的不公平行为。其次，加强数字金融的风险监测和预警。将更多的数字技术引入乡村，通过大数据分析、重点指标监测等手段，综合运用信息共享对数字金融事前的信贷风险、事中的金融动向以及事后的信贷效果等进行实时的监测和控制。在事前，充分掌握信用信息、综合研判信用状况，以公共信用综合评价结果等为依据，对监管对象进行分级分类，提前进行风险防控；在事中，依据主体信用等级高低的不同，分别采取差异化的监管措施，在办理注册登记、资质审核、日常监管等过程中，及时、准确、全面记录农户主体的信用行为，特别是将失信记录建档留痕，做到可查可核可溯；在事后，建立重点关注对象名单和失信惩戒对象名单，依据其失信程度采取更加严格的监管措施，以此不断提高农村金融风险防控和处理水平，及时发现农村金融信贷异常情况和风险，化解风险隐患。

7.2.2　重视创新的力量，发挥金融创新与科技创新协同作用

乡村振兴本质是农业农村现代化的过程，而科技创新是推进农业现代化的根本动力。同时，金融支持也是推进乡村振兴战略的重要一环。重视创新的力量，需要坚持金融创新赋能农业产业链上下游，引导金融资源向乡村振兴领域聚集，增加农业科技创新资金来源，激发乡村科技创新动力和能力，加快实现乡村振兴的脚步。

（1）完善创新环境建设，激发科技创新活力

首先，要加大对创新主体的财政和政策支持。对符合一定条件的创新型农业企业和个体给予财政补贴支持，如建立新型农业经营主体发展专项资金，用该资金支持农业主体进行技术改造和技术创新；对获取新技术的创新主体一次性给予奖励、免除部分贷款本金及利息，或者将其列入“红名单”，在项目申报、评奖评优等方面优先支持；对科研主体给予税费减免等优惠政策等。通过上述一系列的财政补贴和政策，为企业提供长期稳定的研发资金来源，激发农业主体进行创新的活力。其次，打造创新基地。可以建设一批农业高新技术产业示范区和农业科技园区，形成一批带动性强、特色鲜明的农业高新技术产业集群，把农业科技园区建设成为创新创业的重要基地、汲取创新资源的重要载体；也可以建立产学研融合的农业农村科技创新联盟，

组织农业科研攻关，围绕新品种选育、新品种产业化开发、农产品加工等领域开展关键技术研究，通过技术的示范和辐射，带动农业科技成果显效，推进科技资源合理配置。再次，加速农业科技成果转化。只有将农业科技成果真正转化为农业生产力，才能最大限度地发挥出科技创新的推动力。可以培育发展新型的农业经营和服务主体，开发其农业领域技术转移机构服务功能，通过专业的服务机构进行转化；也可以通过打造“互联网+农业科技”的综合信息公共服务平台，依托互联网推动科技成果转化与推广。最后，要加强科研诚信体系建设，推动构建科研诚信系统。明确科研失信的行为等级，将创新主体的信用行为进行评定，分成信用优秀、信用良好、一般失信和严重失信四个等级，并将结果纳入科研诚信信息管理系统进行管理。对优秀和信用良好的信用等级给予一定的财政政策优惠倾向，对于科研失信行为实施相应的信用约束和惩戒。例如，将利用贿赂、造假、故意重复申报等不正当的手段获取财政资金支持的、抄袭或剽窃他人技术成果的主体，列入科技创新失信名单，给予相应的处罚。利用严格的奖惩机制，营造良好的科技创新环境，激发农业主体的创新活力。

（2）促进金融创新，扩大科技创新资金来源

活跃的金融市场、畅通的融资渠道和良好的金融环境是科技创新的重要保障。因此，发挥科技创新对乡村振兴的促进作用也少不了数字金融的创新发展和助推支持。作为支持科技创新和科创企业发展的主力军，商业银行等金融机构需要针对农村企业、个体农户的特点，加快完善创新支持体系建设，提高服务科技创新的质效。首先，各金融机构要创新授信模式，从传统的重抵押、重担保的授信模式向更加注重农村企业、个体农户的资信状况、交易数据、资金流向等多维授信模式转型。其次，创新金融服务方式。各金融机构可以积极推广线上业务，强化网络银行、手机银行、小程序等电子渠道服务管理和保障，提供便捷安全的“在家”金融服务，探索运用视频连线、远程认证等手段，现场核查、核保、核签等方式，切实做到应贷尽贷快贷，提高贷款效率。再次，金融机构要加强金融模式创新。可以不断推进直接融资模式，充分盘活集体所用的闲置房屋、山林、池塘等资源，结合当地的历史人文等区域特色，积极发展新产业新业态，吸引外部资金进入乡村；也可以加强间接融资模式的灵活转换，紧密围绕农业合作社和农业组织的金

融服务需求，培育小额信贷、保险和储蓄相结合的金融创新机制，构建多层次的农村金融资产结构，让农民资产配备具备可选择性，激发农民投资活力。最后，各金融机构也要持续创新金融信贷产品。金融机构应根据各需求主体的特点，利用大数据、互联网等现代信息技术，有针对性地开发新的金融产品，提升农村企业和个体用户的用款便利性。例如，针对农户缺乏抵押资产的特点，推出更多为农村企业和个体农户量身定做的信贷产品，持续完善无还本续贷、随借随还等贷款产品，扩大有效担保物范围；开发以新型农业经营主体、田园综合体、分享农场、共享农庄、创意农业等为授信主体的信贷产品，发展有韧性的产业链金融；参考烟台市于 2018 年推出的“成果贷”业务，由省、市、银行共同承担贷款主体发生的坏账损失，在贷款主体按期还本付息后，按照贷款本金的一定比例给予信贷补贴，以缓解中小企业“融资难”“融资贵”的问题。

（3）加大农村科技人才培养，筑牢科技创新人才支撑

推进农业农村科技人才队伍建设，必须坚持“两条腿”走路，不仅要统筹推进农业科技人才的培育和各类人才下乡，也要加大本土人才培育工作。首先，要充分发挥科研院所和高校培育人才的作用，加大农业农村科技人才培养和引进力度，把“懂农村、爱农村、爱农民”确立为乡村人才队伍建设的育人目标的同时，积极探索建立学历教育、技能培训、实践锻炼相结合的新型农业人才培养模式，为乡村振兴提供专业化人才保障。灵活适用新型优秀农业人才，既需要高校在推进学生就业工作中更加面向广大农村，引导学生扎根乡村；也需要地方在用才时不拘形式，更加有效地完善人才引才机制。例如，可以通过构建乡村人才的委托培养与定向就业体制，吸引更多的人才到乡村就业甚至安家；通过建立高效科技人员等各类人才到乡村挂职等制度，推动人才周期滚动化服务乡村；选派科技特派员进乡村，实现科技帮扶结对。同时，要完善人才评价机制、薪酬奖励和晋升激励体系，充分利用好人才专项资金和人才专用编制，对致力于乡村振兴的实用型、科技型、创业型人才在用地住房、税费减免、金融服务等方面给予支持，真正用政策和待遇将有知识、有创新的农业人才留在乡村，服务于乡村。其次，加强农村科普教育，提高本土实践科技农业人才培养。建立新型职业农民培育机构，通过专家授课、专题讲座、参观学习等方式，在贫困地区深入开展数字金融

和农业科技等方面的知识教育培训和科普活动，不定期举办基层实用型人才交流会，常态化开展培育和学习，从多个渠道拓宽农户的知识来源，扩大农村居民对于数字普惠金融、农业科技新技术等的接触面。例如，介绍新兴数字金融产品、新型贷款流程等有关数字金融的产品，教授单倍体育种技术、农业节水新技术、农业遥感技术、保护性免耕技术等新型农业科学技术。利用这些最新的理论及技术知识，提升基层“土专家”“田秀才”对实用性技术的运用能力，增加其对现代生产方式、经营模式、科技知识、数字金融的了解和掌握，激发农村人民的金融素养和创新精神，调动本土人才农业生产的积极性、主动性和创造性，营造良好的数字金融和农业农村科技创新生态，强化乡村振兴的智力支撑。

7.2.3 发展数字普惠金融，激发农村创业活力

自2008年国际金融危机以来，我国出口导向型经济结构面临深刻挑战，延续了30年的从农村到城市的“打工者”规模增速持续回落。2020年，在新冠肺炎疫情的影响下，全国农民工规模增速降为负值（-1.8%），农村地区发挥了重要的“蓄水池”作用。进入“十四五”规划的开局之年，面向以国内大循环为主的新发展格局，无论是农村还是城市都需要更多的产业创造来吸纳就业，激发农村创业活力可以在全面推进乡村振兴、实现城乡融合发展的进程中发挥更大作用。

（1）政府加大对农村生产性资产的投资，更好地支持农民创业

农民的资金有限。如果固定资产投资较多，可用于创业的资金就会相对较少，创业精神便可能受到影响。固定资产投资的生产率越高，农民创业就越有利。目前，住房投资在农民固定资产投资中所占比重较大，而大型机械设备、基础设施投资所占比重相对较小。为了更好地支持农民创业，政府可以增加财政投入，增加对农村生产性资产的投资。

（2）提高经济开放水平，赋能区域经济增长

经济开放对农民创业有积极影响，可以为农民创业提供更广阔的空间。此外，我们可以推进实施“走出去，引进来”战略，促进农产品国际化，这将为农民提供强大的创业环境。认识到区域经济发展水平越高，农民创业机

会越多，可以结合区域优势实施不同的发展措施，提高区域经济发展水平，更好地促进农民创业。

(3) 结合城镇化，更好地支持农民创业

城镇化的快速发展有利于促进城乡发展和繁荣。为更好地支持农民创业，一方面可以协调城乡发展，制度性地保护农民创业精神，为失地农民建立良好的创业机制，鼓励农民积极探索各类创业形式；另一方面，可以通过帮忙办理牌照、信贷支持、供水、减租和儿童入学等政策的实施，降低农民创业门槛，更好地支持农民创业。

(4) 缓解农户信贷约束，激发农村创业活力

农民在创业过程中面临的主要问题之一是资金限制。在这种情况下，政府可以通过推广数字普惠金融，弥补传统金融服务造成的“金融排斥”问题，激发农民的创业热情。出于成本的考虑，政府还可以为农户提供相应的创业培训，帮助经营者解决创业过程中遭遇的“瓶颈”。通过“线上直播+线下面授+游学考察”的培训方式，来自全国的农民创业者都可以便捷地学习到企业管理、生产管理、财务管理等与创业有关的知识。此外，要坚持对农户开展农技培训，把更先进的农业生产技能送到田间地头，让众多农户有足够的信心和技能来发展创收项目。

7.2.4 差异化政策扶持，平衡东中西部发展

我国东部和中西部在经济发展情况、数字金融发展程度、金融机构规模、科技发展水平等方面都存在一定差距，数字金融对于乡村振兴的促进作用也存在一定的差异。因此，针对东部和中西部需要因地制宜地制定差异化的数字金融和科技创新等相关政策。

(1) 面向中西部更优惠的金融及科技创新支持政策

相对于东部地区，可以针对中西部地区在基础设施建设、数字经济发展、农业技术创新、高层次人才引进等各个方面给予更多优惠。出台相关政策提高中央财政性建设资金用于中西部地区的比例，将国家政策性银行贷款、国际金融组织和外国政府优惠贷款，在坚持贷款原则的条件下，更多地向中西部地区项目倾斜。首先，对于中西部地区的重大基础设施投资给予相

应的政策优惠和信贷支持，以不断加强西部铁路客运专线、区际通道建设，强化既有线路的扩能改造，扩大中西部的铁路网规模，构建数字金融走进中西部乡村的重要渠道。例如，对中西部投资大、建设周期长的项目，根据其建设周期和还贷能力，适当延长贷款期限，以促进中西部重大基础设施建设发展；对西部地区公路过道、省道建设用地等免征耕地占用税；增加对中西部地区铁路、公路、航道等重大基础设施建设以及中西部物流中心站等重要节点的金融信贷支持力度等。其次，通过财政资金、投资基金等相关措施大力支持中西部地区发展数字经济，构建数字金融渠道，逐步形成互联网、人工智能、大数据、云计算等相关产业。例如，加大对中西部农村地区互联网、5G技术等的财政专项资金支持，或者鼓励符合条件的金融机构等合格的投资者设立中西部数字经济产业发展投资基金，鼓励保险公司参与投资设立数字经济产业投资基金；将中西部地区列为重点考虑的数字服务出口基地等。再次，加大对中西部地区农业科技发展、旱作农业、节水农业以及农业综合开发的投入力度，促进中西部农村的科技创新能力提升。例如，在中西部布局若干区域科技创新中心，为中西部乡村集聚科技基础设施等科技资源，培养中西部地区的科技基础能力。最后，适当加大中央和地方财政的转移支付力度，对服务于中西部的高层次人才给予更大力度、更高金额的一次性奖励性补贴、住房租赁补贴、基本生活保障补贴等，鼓励具有高技能、强创新的人才进行科研创新和成果转化。

（2）发挥地区辐射作用，依靠东部地区带动中西部地区发展

当前，我国东部和中西部地区发展的差距依然存在，以东部地区带动我国中西部地区数字金融发展和科技创新，是推动中西部地区实现乡村振兴、构建新发展格局的重要一环。支持东部地区金融机构利用大数据、移动互联网等数字金融技术优势对中西部地区产生辐射作用，将数字经济和数字金融的触及范围延伸至中西部地区乡村，借助东部成熟的数字金融发展技术授以中西部乡村更优质的金融服务，逐步缩小中西部地区与东部地区之间数字金融发展差距。例如，继续推进“东数西算”产业联盟，共同建设中西部人工数据中心集群和人工智能数据治理基地，实现资源共享通道，在中西部地区打造数字经济基地，促进中西部的数字金融的发展。此外，还可以更多举办中阿博览会等助推东部和中西部科技合作优化的重要平台，通过中西部与东

部地区以及其他国家的开放共享、科技创新合作等来促进中西部的科技成果的推广和应用，助力中西部的科技发展，为实现数字普惠金融促进中西部乡村振兴提供助推器。

7.3　研究展望

尽管本书已经对数字普惠金融和乡村振兴的关系和作用机制进行了研究，但仍然有许多问题有待于进一步研究：

（1）中介变量和门槛变量的选取有限。本书从科技创新、产业结构升级和创业活力三个方面探讨了数字普惠金融助力乡村振兴的作用机制，并从数字普惠金融自身的非线性特征出发，研究了数字普惠金融对乡村振兴的非线性影响。但数字普惠金融的作用机制还有很多，有待于未来继续深化研究。

（2）本书在衡量数字普惠金融时，采用的是省级层面的数字普惠金融指数，在探讨其对乡村振兴的影响时，可能存在一定偏差。随着乡村数字普惠金融的发展，尝试编制乡村数字普惠金融指数，研究结论将更加精准，据以提出的研究结论也将更有针对性。

（3）本书采用熵权法和多指标分析法度量乡村振兴发展水平，并从其整体角度展开了研究。在选取指标、度量方法等方面都可能存在一定不足，随着对乡村振兴认识水平的不断提升，在度量乡村振兴方面将更加准确。此外，数字普惠金融对乡村振兴不同领域的影响也是未来的研究方向。

参考文献

[1] 谢平，徐忠．新世纪以来农村金融改革研究［J］．中国城市金融，2013（9）：80.

[2] 黄倩，李政，熊德平．数字普惠金融的减贫效应及其传导机制［J］．改革，2019（11）：90－101.

[3] 焦瑾璞．移动支付推动普惠金融发展的应用分析［J］．首席财务官，2015（Z1）：66－68.

[4] 郝云平，雷汉云．数字普惠金融推动经济增长了吗？——基于空间面板的实证［J］．当代金融研究，2018（3）：90－101.

[5] 张贺，白钦先．数字普惠金融减小了城乡收入差距吗？——基于中国省级数据的面板门槛回归分析［J］．经济问题探索，2018，(10)：122－129.

[6] 谢绚丽，沈艳，张皓星，郭峰．数字金融能促进创业吗？——来自中国的证据［J］．经济学（季刊），2018，17（4）：1557－1580.

[7] 孙继国，韩开颜，胡金焱．数字金融是否减缓了相对贫困？——基于 CHFS 数据的实证研究［J］．财经论丛，2020（12）：50－60.

[8] 易行健，周利．数字普惠金融发展是否显著影响了居民消费——来自中国家庭的微观证据［J］．金融研究，2018（11）：47－67.

[9] 滕磊．数字普惠金融缓解中小企业融资约束的机制与路径［J］．调研世界，2020（9）：27－35.

[10] 喻平，豆俊霞．数字普惠金融、企业异质性与中小微企业创新［J］．当代经济管理，2020，42（12）：79－87.

[11] 葛和平，钱宇．数字普惠金融服务乡村振兴的影响机理及实证检验［J］．现代经济探讨，2021（5）：118－126.

[12] Honohan P. Measuring Microfinance Access：Buildingon Existing

Cross - country Data [J]. Social Science Electronic Publishing, 2005 (2): 775 - 79.

[13] Geda A, Shimeles A, Zerfu D. Finance and povertyin Ethiopia: A household - level analysis [M] //Financial development, institutions, growth and poverty reduction. Palgrave Macmillan, London, 2008: 61 - 86.

[14] Bittencourt M. Financial development and inequality: Brazil 1985 - 1994 [J]. Economic Change and Restructuring, 2010, 43 (2): 113 - 130.

[15] Sarma M, Pais J. Financial Inclusion and Development [J]. Journal of International Development, 2011 (5): 613 - 628.

[16] Anand S, Kodan, Kuldip S, Chhikara A. The oretical and Quantitative Analysis of Financial Inclusion and Economic Growth [J]. Management & Labour Studies, 2013 (1 - 2): 103 - 133.

[17] World Bank. Global Financial Development Report 2014: Financial Inclusion [R]. World Bank, 2013.

[18] Marsden J, Nileshwar A. Financial Inclusion and Poverty Alleviation [J]. Journal of Social Business, 2013, 3 (4): 56 - 83.

[19] Kapoor A. Financial Inclusionand the Future of the Indian Economy [J]. Futures, 2014 (56): 35 - 42.

[20] Chen W, Kinkyo T. Financial development and income inequality: Long - run relationship and short - run heterogeneity [J]. Emerging Markets Finance and Trade, 2016, 52 (3): 733 - 742.

[21] Eduardo D, Rene B, Marlei P. Triggers and barriers to financial inclusion: The use of ICT - based branchless banking in an Amazoncounty [J]. Electronic Commerce Research and Applications, 2012, 11 (5): 484 - 494.

[22] Huang S. Fin - Tech and Corporate Innovation [C] //2021 3rd International Conferenceon Economic Management and Cultural Industry (ICEMCI 2021). Atlantis Press, 2021: 2315 - 2326.

[23] Shahrokhi M. E - finance: status, innovations, resources and future challenges [J]. Managerial Finance, 2008.

[24] Agarwal S, Hauswald R. Distance and private information in lending

[J]. The Review of Financial Studies, 2010, 23 (7): 2757 – 2788.

[25] Hau H, Huang Y, Shan HZ, Sheng ZX. Tech – Fin in China: Credit Market Completion and Its Growth Effect, Working Paper, 2017.

[26] Arjunwadkar PY. FinTech: The technology driving disruption in the financial services industry [M]. Auerbach Publications, 2018.

[27] Pascual B, Jordi S, Josep AT. The Influenceof Block holderson R&D Investments Intensity: Evidence from Spain [J]. Business Economics Series, 2005, 11 (2).

[28] Sarma M. Index of Financial Inclusion – Ameasure of financial sectorin clusiveness [J]. Centre for International Trade and Development, Schoolof International Studies Working Paper Jawaharlal Nehru University. Delhi, India, 2012.

[29] Anderloni L, Vandone D. Migrants and financial services: which opportunities for financial innovation? [M] //Frontiers of Banksina Global Economy. Palgrave Macmillan, London, 2008: 149 – 185.

[30] 钱海章，陶云清，曹松威，曹雨阳. 中国数字金融发展与经济增长的理论与实证 [J]. 数量经济技术经济研究，2020，37 (6)：26 – 46.

[31] 傅秋子，黄益平. 数字金融对农村金融需求的异质性影响——来自中国家庭金融调查与北京大学数字普惠金融指数的证据 [J]. 金融研究，2018 (11)：68 – 84.

[32] 宋晓玲. 数字普惠金融缩小城乡收入差距的实证检验 [J]. 财经科学，2017 (6)：14 – 25.

[33] 尹志超，张号栋. 金融可及性、互联网金融和家庭信贷约束——基于 CHFS 数据的实证研究 [J]. 金融研究，2018 (11)：188 – 206.

[34] 王颖，陆磊. 普惠制金融体系与金融稳定 [J]. 金融发展研究，2012 (1)：4 – 10.

[35] 王馨. 互联网金融助解“长尾”小微企业融资难问题研究 [J]. 金融研究，2015 (9)：128 – 139.

[36] 杨波，王向楠，邓伟华. 数字普惠金融如何影响家庭正规信贷获得？——来自 CHFS 的证据 [J]. 当代经济科学，2020，42 (6)：74 – 87.

[37] 郭峰. 普惠金融视角下的互联网支付：不仅仅是支付 [J]. 新金

融评论，2017（2）：119－140.

［38］张勋，万广华，张佳佳，何宗樾．数字经济、普惠金融与包容性增长［J］．经济研究，2019，54（8）：71－86.

［39］焦瑾璞．移动支付推动普惠金融发展的应用分析与政策建议［J］．中国流通经济，2014，28（7）：7－10.

［40］李继尊．关于互联网金融的思考［J］．管理世界，2015（7）：1－7，16.

［41］吴金旺，郭福春，顾洲一．数字普惠金融发展影响因素的实证分析——基于空间面板模型的检验［J］．浙江学刊，2018（3）：136－146.

［42］孙英杰，林春．中国普惠金融发展的影响因素及其收敛性——基于中国省级面板数据检验［J］．广东财经大学学报，2018，33（2）：89－98.

［43］蒋庆正，李红，刘香甜．农村数字普惠金融发展水平测度及影响因素研究［J］．金融经济学研究，2019，34（4）：123－133.

［44］田霖，韩岩博．金融包容的影响因素与短板解析［J］．金融理论与实践，2019（10）：1－10.

［45］胡滨．数字普惠金融的价值［J］．中国金融，2016（22）：58－59.

［46］黄益平．数字普惠金融的机会与风险［J］．新金融，2017（8）：4－7.

［47］黄益平．中国数字金融能否持续领先？［J］．清华金融评论，2018（11）：35－36.

［48］卫晓锋．数字普惠金融的风险与监管［J］．金融理论与实践，2019（6）：49－54.

［49］何宏庆．数字普惠金融风险：现实表征与化解进路［J］．兰州学刊，2020（1）：68－78.

［50］GuoY，Liu Y. Poverty alleviation through land assetization and its implications for rural revitalization in China［J］. Land Use Policy，2021，105（3）：105418.

［51］Huang Y，Hui ECM，Zhou J，et al. Rural revitalization in China：Land－use optimization through the practice of place－making［J］. L and Use Policy，2020，97：104788.

[52] Wu B, Liu L. Social capital for rural revitalization in China: A critical evaluation on the government's new countryside programme in Chengdu [J]. Land Use Policy, 2019, 91: 104268.

[53] Zhou Y, Li Y, Xu C. Land consolidation and rural revitalization in China: Mechanisms and paths [J]. Land Use Policy, 2020, 91: 104379.

[54] Yang J, Yang R, Chen MH, et al. Effects of rural revitalization on rural tourism [J]. Journal of Hospitality and Tourism Management, 2021, 47 (4): 35-45.

[55] Chen Y, Liang H. Research on the construction of rural complex in the context of rural revitalization based on FAHP [J]. Journal of Intelligent and Fuzzy Systems, 2021 (3): 1-10.

[56] Zhang Y, Chen T. Planning and Design of New Rural Characteristic Landscape under the Background of Rural Revitalization [J]. IOP Conference Series: Earth and Environmental Science, 2021, 768 (1): 012072.

[57] ZhaoL, Zhang D. Research on the path of revitalizing rural tourism from the perspective of smart tourism [C] //E3S Web of Conferences. EDP Sciences, 2021, 251: 03037.

[58] Chen X. Thecore of China's rural revitalization: Exerting the functions of rural area [J]. China Agricultural Economic Review, 2019, 12 (1): 1-13.

[59] Lu Y, Ye S, Zhu G, et al. Modes and Approaches of Promoting Rural Revitalization by Science and Technology' Commissioners: A Case Study of Science and Technology Commissioners from Zhejiang Academy of Agricultural Sciences [J]. Asian Agricultural Research, 2020, 12 (1): 15-18.

[60] Ting DU. Cultivation path of new professional farmers from the perspective of rural revitalization [J]. Ecological Economy, 2018, 4.

[61] Gladwin CH, Long BF, Babb EM, et al. Rural entrepreneurship: One key to rural revitalization [J]. American Journal of Agricultural Economics, 1989, 71 (5): 1305-1314.

[62] Korsching P. Multicommunity collaboration: An evolving rural revitalization strategy [J]. Rural development news (USA), 1992.

[63] 廖彩荣，陈美球．乡村振兴战略的理论逻辑、科学内涵与实现路径 [J]．农林经济管理学报，2017，16 (6)：795 - 802.

[64] 李长学．“乡村振兴”的本质内涵与逻辑成因 [J]．社会科学家，2018 (5)：36 - 41.

[65] 马义华，曾洪萍．推进乡村振兴的科学内涵和战略重点 [J]．农村经济，2018 (6)：11 - 16.

[66] 关浩杰．乡村振兴战略的内涵、思路与政策取向 [J]．农业经济，2018 (10)：3 - 5.

[67] 江维国，李立清，周贤君．中国乡村振兴的科学内涵、主要任务与战略重点 [J]．社会政策研究，2018 (2)：146 - 155.

[68] 徐美银．乡村振兴战略的科学内涵、动力机制与实现路径研究 [J]．农业经济，2019 (12)：3 - 5.

[69] 戚万学，刘伟．乡村教育振兴的内涵、价值与路径 [J]．国家教育行政学院学报，2020 (6)：21 - 28.

[70] 陈婷．“互联网 +”背景下农村电商发展的现实意义及对策分析 [J]．农业经济，2021 (2)：143 - 144.

[71] 李晓夏，赵秀凤．直播助农：乡村振兴和网络扶贫融合发展的农村电商新模式 [J]．商业经济研究，2020 (19)：131 - 134.

[72] 杨学忠．科技——乡村振兴的助推剂 [N]．楚雄日报 (汉)，2021 - 11 - 03 (003).

[73] 郎坤，靳生．朗坤物联网：让数字赋能乡村振兴 [N]．中华工商时报，2021 - 11 - 03 (008).

[74] 姜风旭．数字普惠金融如何在乡村振兴中发挥作用 [N]．金融时报，2021 - 09 - 13 (010).

[75] 吴杭琪．数字普惠金融对缩小城乡差距的研究与监管 [J]．中国商论，2021 (18)：79 - 81.

[76] 张岳，周应恒．数字普惠金融、传统金融竞争与农村产业融合 [J]．农业技术经济，2021 (9)：68 - 82.

[77] 耿松涛，张伸阳．乡村振兴背景下乡村旅游与文化产业协同发展研究 [J]．南京农业大学学报 (社会科学版)，2021，21 (2)：44 - 52.

[78] 徐忠勇．乡村振兴战略下乡村旅游发展对策探析 [J]．农业经济，2020 (9)：64-65.

[79] 王琳丽．乡村振兴背景下我国乡村旅游业发展研究 [J]．农业经济，2020 (6)：40-41.

[80] 谭莉．农村旅游休闲经济发展与乡村经济振兴的关联性研究 [J]．农业经济，2019 (3)：21-23.

[81] 徐姗姗．乡村振兴战略视角下的乡村人才振兴研究 [J]．农业经济，2021 (6)：109-110.

[82] 高玉芹．做好农村思想政治工作助力乡村振兴——评《解码乡村振兴》[J]．核农学报，2021，35 (12)：2934-2935.

[83] 张雅光．乡村振兴战略实施路径的借鉴与选择 [J]．理论月刊，2019 (2)：126-131.

[84] 陈兆红．美国乡村振兴的运行机制与实现路径 [J]．中国国情国力，2019 (3)：61-64.

[85] 胡月，田志宏．如何实现乡村的振兴？——基于美国乡村发展政策演变的经验借鉴 [J]．中国农村经济，2019 (3)：128-144.

[86] 吴珍彩．日本乡村振兴实现路径及对中国的启示 [J]．河南牧业经济学院学报，2018，31 (5)：34-38.

[87] 吴佩芬．十九大以来我国乡村振兴战略研究综述 [J]．农业经济，2021 (1)：38-40.

[88] 孙海燕，孟宪生．中国特色社会主义乡村振兴道路的实现理路 [J]．理论导刊，2018 (5)：64-69.

[89] 郑芳．产业化：中国乡村文化振兴的模式及路径 [J]．农业展望，2019，15 (5)：18-22.

[90] 徐佳惠．乡村文化振兴实现路径研究 [J]．合作经济与科技，2020 (6)：34-35.

[91] 王平，王密兰．乡村振兴战略：时代背景、国外经验及实现路径 [J]．怀化学院学报，2018，37 (9)：31-36.

[92] 杨世伟．绿色发展引领乡村振兴：内在意蕴、逻辑机理与实现路径 [J]．华东理工大学学报（社会科学版），2020，35 (4)：125-135.

［93］李瑞鹏．乡村振兴战略视阈下平凉市“三变”改革的实践与探索［J］．甘肃科技，2019，35（3）：6－8.

［94］张海鹏，郜亮亮，闫坤．乡村振兴战略思想的理论渊源、主要创新和实现路径［J］．中国农村经济，2018（11）：2－16.

［95］阳盼盼．乡村生态振兴：理论逻辑、历史演进与实现路径［J］．重庆理工大学学报（社会科学），2019，33（12）：70－79.

［96］吴业苗．乡村振兴的问题情境与实践面向［J］．兰州学刊，2019（11）：189－199.

［97］闫书华．实施乡村振兴战略的根本遵循［J］．学海，2021（6）：18－23.

［98］黄祖辉．改革开放四十年：中国农业产业组织的变革与前瞻［J］．农业经济问题，2018（11）：61－69.

［99］Badulescu D，Giurgiu A，Istudor N，et al. Rural tourism development and financing in Romania：A supply－side analysis［J］．Agricultural economics，2015，61（2）：72－82.

［100］Mckinnon RI. Money and Capitalin Economic Development［J］．American Journal of Agricultural Economics，1973，56（1）.

［101］King RG，Levine R. Finance and growth：Schumpeter might be right［J］．The quarterly journal of economics，1993，108（3）：717－737.

［102］Johnson TG. Entrepreneurship and development finance：Keys to rural revitalization：Discussion［J］．American Journal of Agricultural Economics，1989，71（5）：1324－1326.

［103］Samolyk KA. Banking conditions and regional economic performance evidence of a regional credit channel［J］．Journal of Monetary Economics，1994，34（2）：259－278.

［104］Honohan P. Financial development，growth and poverty：how close are the links?［M］//Financial development and economic growth. Palgrave Macmillan，London，2004：1－37.

［105］Klose SL，Outlaw JL. Financial and risk management assistance：Decision support for agriculture［J］．Journal of Agricultural and Applied Economics, 2005, 37 (2): 415 -423.

[106] Corrado G, Corrado L. Inclusive finance for inclusive growth and development [J]. Current opinion in environmental sustainability, 2017, 24: 19 -23.

[107] Haber S, Maurer N, Razo A. The politics of property rights: political instability, credible commitments, and economic growth in Mexico, 1876 -1929 [M]. Cambridge University Press, 2003.

[108] Beck T, Demirgüç - Kunt A, Levine R. Finance, inequality and thepoor [J]. Journal of economic growth, 2007, 12 (1): 27 -49.

[109] Gray AW, Boehlje M. The Industrialization of Agriculture: Implications for Future Policy [R]. 2007.

[110] Kim HS. Patterns of economic development: Correlation saffectinge conomic growth and quality of life in 222 countries [J]. Politics & Policy, 2017, 45 (1): 83 -104.

[111] Manyika J, Lund S, Singer M, et al. Digital Finance for All: Powering Inclusive Growthin Emerging Economies [R]. America: Mckinsey Global Institute, 2016.

[112] Gomber P, Koch JA, Siering M. Digital Finance and FinTech: current research and future research directions [J]. Journal of Business Economics, 2017, 87 (5): 537 -580.

[113] Ozili PK. Impact of digital financeon financial inclusion and stability [J]. Borsa Istanbul Review, 2018: S2214845017301503.

[114] Beck T, Brown M. Use of Banking Servicesin Emerging Markets - Household - Level Evidence (Replaces Center DP 2010 -092) [J]. Cepr Discussion Papers, 2011, 2011 -089.

[115] Cournède B, Denk O, Hoeller P. Finance and inclusive growth [J]. 2015.

[116] 陈亚军．数字普惠金融促进乡村振兴发展的作用机制研究 [J]. 现代经济探讨, 2022 (6): 121 -132.

[117] 马亚明, 周璐．基于双创视角的数字普惠金融促进乡村振兴路径与机制研究 [J]. 现代财经（天津财经大学学报), 2022, 42 (2): 3 -20.

[118] 田霖，张园园，张仕杰．数字普惠金融对乡村振兴的动态影响研究——基于系统 GMM 及门槛效应的检验［J］．重庆大学学报（社会科学版），2022，28（3）：25－38.

[119] 马光荣，杨恩艳．社会网络、非正规金融与创业［J］．经济研究，2011，46（3）：83－94.

[120] 尹志超，张号栋．金融知识和中国家庭财富差距——来自 CHFS 数据的证据［J］．国际金融研究，2017（10）：76－86.

[121] 李国胜．论乡村振兴中产业兴旺的战略支撑［J］．中州学刊，2020（3）：47－52.

[122] 谢地，苏博．数字普惠金融助力乡村振兴发展：理论分析与实证检验［J］．山东社会科学，2021（4）：121－127.

[123] 张林，温涛．农村金融高质量服务乡村振兴的现实问题与破解路径［J］．现代经济探讨，2021（5）：110－117.

[124] 贺力平．合作金融发展的国际经验及对中国的借鉴意义［J］．管理世界，2002（1）：48－57，154.

[125] 殷浩栋，王瑜，汪三贵．贫困村互助资金与农户正规金融、非正规金融：替代还是互补？［J］．金融研究，2018（5）：120－136.

[126] 刘西川，程恩江．中国农业产业链融资模式——典型案例与理论含义［J］．财贸经济，2013（8）：47－57.

[127] 罗超平，张梓榆，王志章．金融发展与产业结构升级：长期均衡与短期动态关系［J］．中国软科学，2016（5）：21－29.

[128] 唐文进，李爽，陶云清．数字普惠金融发展与产业结构升级——来自 283 个城市的经验证据［J］．广东财经大学学报，2019，34（6）：35－49.

[129] 田娟娟，马小林．数字普惠金融推动农业转型升级的效应分析——基于省际面板数据的实证［J］．征信，2020，38（7）：87－92.

[130] 张林，温涛．财政金融服务协同与农村产业融合发展［J］．金融经济学研究，2019，34（5）：53－67.

[131] 傅利福，厉佳妮，方霞，韦宏耀．数字普惠金融促进包容性增长的机理及有效性检验［J］．统计研究，2021，38（10）：62－75.

［132］马超，顾海，孙徐辉．医保统筹模式对城乡居民医疗服务利用和健康实质公平的影响——基于机会平等理论的分析［J］．公共管理学报，2017，14（2）：97－109，157.

［133］梁双陆，刘培培．数字普惠金融、教育约束与城乡收入收敛效应［J］．产经评论，2018，9（2）：128－138.

［134］肖龙铎，张兵．金融可得性、非农就业与农民收入——基于CHFS数据的实证研究［J］．经济科学，2017（2）：74－87.

［135］刘新智，刘雨姗，刘雨松．金融支持对农户创业的影响及其空间差异分析——基于CFPS2014数据的研究［J］．宏观经济研究，2017（11）：139－149.

［136］李涛，徐翔，孙硕．普惠金融与经济增长［J］．金融研究，2016（4）：1－16.

［137］任碧云，张彤进．移动支付能够有效促进农村普惠金融发展吗？——基于肯尼亚M－PESA的探讨［J］．农村经济，2015（5）：123－129.

［138］邵汉华，王凯月．普惠金融的减贫效应及作用机制——基于跨国面板数据的实证分析［J］．金融经济学研究，2017，32（6）：65－74.

［139］罗斯丹，陈晓，姚悦欣．我国普惠金融发展的减贫效应研究［J］．当代经济研究，2016（12）：84－93.

［140］朱一鸣，王伟．普惠金融如何实现精准扶贫？［J］．财经研究，2017，43（10）：43－54.

［141］吴金旺，郭福春，顾洲一．数字普惠金融能否显著减缓贫困？——来自浙江嘉兴调研的行为数据［J］．浙江学刊，2019（4）：140－151.

［142］刘锦怡，刘纯阳．数字普惠金融的农村减贫效应：效果与机制［J］．财经论丛，2020（1）：43－53.

［143］苏基溶，廖进中．开放条件下的金融发展、技术进步与经济增长［J］．世界经济文汇，2009（5）：90－105.

［144］马彧菲，杜朝运．普惠金融指数测度及减贫效应研究［J］．经济与管理研究，2017（5）：45－53.

［145］郑秀峰，朱一鸣．普惠金融、经济机会与减贫增收［J］．世界经济文汇，2019（1）：101－120.

[146] 张子豪，谭燕芝. 数字普惠金融与中国城乡收入差距——基于空间计量模型的实证分析 [J]. 金融理论与实践，2018 (6)：1-7.

[147] 程恩江，刘西川. 小额信贷缓解农户正规信贷配给了吗？——来自三个非政府小额信贷项目区的经验证据 [J]. 金融研究，2010 (12)：190-206.

[148] 刘冬姣，庄朋涛. 数字普惠金融与家庭商业保险购买 [J]. 消费经济，2021 (2)：67-78.

[149] 颜建军，冯君怡. 数字普惠金融对居民消费升级的影响研究 [J]. 消费经济，2021 (2)：79-88.

[150] 杨艳琳，付晨玉. 中国农村普惠金融发展对农村劳动年龄人口多维贫困的改善效应分析 [J]. 中国农村经济，2019 (3)：19-35.

[151] 王聪聪，党超，徐峰，钟立新，杜炜. 互联网金融背景下的金融创新和财富管理研究 [J]. 管理世界，2018，34 (12)：168-170.

[152] 杨虹，王乔冉，张柯. 中国数字普惠金融、教育水平与农村贫困问题探析 [J]. 江汉学术，2021，40 (3)：41-52.

[153] 顾晓安，庄晓栋，许泽庆. 空间视角下的普惠金融与农村减贫增收——机制探讨与实证检验 [J]. 金融理论与实践，2020 (1)：108-116.

[154] 张晴，龚亮. 普惠金融减贫异质效应的实证 [J]. 统计与决策，2020，36 (6)：136-139.

[155] 黄益平，黄卓. 中国的数字金融发展：现在与未来 [J]. 经济学(季刊)，2018，17 (4)：1489-1502.

[156] 黄卓. 商业银行全全面拥抱数字金融意味着什么？[N]. 中国经济导报，2018-08-24.

[157] Nanda K，Kaur M. Financial inclusion and human development：A cross-country evidence [J]. Management and Labour Studies，2016，41 (2)：127-153.

[158] Sarma M. Indexof financial inclusion [R]. Workingpaper，2008.

[159] 王曙光，李冰冰. 农村金融负投资与农村经济增长——库兹涅茨效应的经验验证与矫正框架 [J]. 财贸经济，2013 (2)：59-67.

[160] Zheng J，Xie Z. Research on innovative development of rural area

microfinance under the background of inclusive finance [J]. World Scientific Research Journal, 2020, 6 (5): 123 - 129.

[161] 李涛，徐翔，孙硕. 普惠金融与经济增长 [J]. 金融研究，2016 (4): 1 - 16.

[162] 贝多广. 好金融与好社会：问题的提出和答案 [J]. 金融研究，2015 (7): 24 - 36.

[163] Stiglitz JE, Weiss AM. Credit Rationing in Markets With Imperfect Information [J]. American Economic Review, 1981, 71 (3): 393 - 410.

[164] 曹协和. 农村金融理论发展主要阶段评述 [J]. 财经科学，2008 (11): 27 - 35.

[165] 张林，温涛. 数字普惠金融如何影响农村产业融合发展 [J]. 中国农村经济，2022 (7): 59 - 80.

[166] 杨虹，王乔冉. 数字普惠金融对产业结构升级的影响及机制研究 [J]. 投资研究，2021, 40 (9): 4 - 14.

[167] Liang M. Research on the Impact of Chinese Digital Inclusive Financeon Industrial Structure Upgrade—Basedon Spatial Dubin Model [J]. Open Journal of Statistics, 2020, 10 (05): 863.

[168] Ge H, Li B, Tang D, et al. Research on Digital Inclusive Finance Promoting the Integration of Rural Three - Industry [J]. International Journal of Environmental Research and Public Health, 2022, 19 (6): 3363.

[169] Zhu J, Li Z. Candigital financial inclusion effectively stimulate technological Innovation of agricultural enterprises? —Acasestudyon China [J]. National Accounting Review, 2021, 3 (4): 398 - 421.

[170] 赵晓鸽，钟世虎，郭晓欣. 数字普惠金融发展、金融错配缓解与企业创新 [J]. 科研管理，2021, 42 (4): 158 - 169.

[171] 梁榜，张建华. 数字普惠金融发展能激励创新吗？——来自中国城市和中小企业的证据 [J]. 当代经济科学，2019, 41 (5): 74 - 86.

[172] 李健，江金鸥，陈传明. 包容性视角下数字普惠金融与企业创新的关系：基于中国A股上市企业的证据 [J]. 管理科学，2020, 33 (6): 16 - 29.

［173］陈银飞，苗丽．数字普惠金融、债务融资成本与中小企业技术创新［J］．浙江金融，2021（9）：10－22．

［174］秦士晨．中小企业融资问题的研究——基于“数字普惠金融”创新借贷模式［J］．工业经济论坛，2017，04（5）：89－94．

［175］伍丁姣．数字普惠金融视角下的小额信贷金融创新［D］．暨南大学，2018．

［176］Yin X，Chen J，Li J. Rural innovation system：Revitalize the countryside for a sustainable development［J］．Journal of Rural Studies，2019．

［177］孙倩，徐璋勇．数字普惠金融、县域禀赋与产业结构升级［J］．统计与决策，2021，37（18）：140－144．

［178］孙早，刘李华．信息化提高了经济的全要素生产率吗——来自中国1979～2014年分行业面板数据的证据［J］．经济理论与经济管理，2018（5）：5－18．

［179］李治国，车帅，王杰．数字经济发展与产业结构转型升级——基于中国275个城市的异质性检验［J］．广东财经大学学报，2021，36（5）：27－40．

［180］张岳，周应恒．数字普惠金融、传统金融竞争与农村产业融合［J］．农业技术经济，2021（9）：68－82．

［181］谭蓉娟，卢祺源．数字普惠金融促进了产业结构优化升级吗？［J］．投资研究，2021，40（9）：85－104．

［182］星焱．农村数字普惠金融的“红利”与“鸿沟”［J］．经济学家，2021（2）：102－111．

［183］骆婉琦．数字普惠金融助力农村电商发展研究［J］．电子商务，2019（12）：43－44．

［184］陈剑，黄朔，刘运辉．从赋能到使能——数字化环境下的企业运营管理［J］．管理世界，2020，36（2）：117－128，222．

［185］赵丽锦，胡晓明．企业财务数字化转型：本质、趋势与策略［J］．财会通讯，2021（20）：14－18．

［186］Lu X. Literature Reviewon Rural Revitalization Industry Revitalization［J］．Insight－Information，2021，3（1）．

[187] 宋伟，张保珍，杨海芬．数字普惠金融对农户创业的影响机理及实证分析 [J]．技术经济与管理研究，2022 (2)：99 - 104.

[188] 马亚明，周璐．基于双创视角的数字普惠金融促进乡村振兴路径与机制研究 [J]．现代财经（天津财经大学学报），2022，42 (2)：3 - 20.

[189] Gao P，Ding J，Cui Y，et al. Empirical Research on the Influence Mechanism of Inclusive Digital Financeon Rural Residents' Entrepreneurship—Takingthe Rural Areas of Anhui Provinceasan Example [J]. Frontiersin Economics and Management，2022，3 (5)：459 - 467.

[190] 宋伟，杨海芬．数字普惠金融对农村家庭创业的影响研究 [J]．农业经济，2022 (2)：113 - 114.

[191] 龙海明，李瑶，吴迪．数字普惠金融对居民消费的影响研究："数字鸿沟"还是"数字红利"？[J]．国际金融研究，2022 (5)：3 - 12.

[192] 王森，陈宇斌．数字普惠金融如何推动农业高质量发展？——兼论中介与门槛作用机制 [J]．管理学刊，2022，35 (3)：72 - 87.

[193] Song RM，Dong L. Reviewof the Development of Digital Inclusive Finance in China [J]. DEStech Transactionson Social Science Education and Human Science，2020.

[194] 郭峰，王靖一，王芳，孔涛，张勋，程志云．测度中国数字普惠金融发展：指数编制与空间特征 [J]．经济学（季刊），2020，19 (4)：1401 - 1418.

[195] Wong E，Tsui S，ChiLK，et al. In Transitionto Rural Vitalization：China's Strategyamid the Global Crises [J]. Agrarian South：Journal of Political Economy，2020，9 (3)：368 - 387.

[196] Su T，Yu Y，Chen Y，et al. The Experience，Dilemma，and Solutions of Sustainable Development of Inclusive Finance in Rural China：Based on the Perspective of Synergy [J]. Sustainability，2019，11 (21)：5984.

[197] Hu B，Zheng L. Digitalfinance：Definition，models，risk，and regulation [M] //Development of China's Financial Supervision and Regulation. Palgrave Macmillan，New York，2016：31 - 58.

[198] Zhou Q，LiZ. The impact of industrial structure upgrades on the urban -

rural income gap: An empirical study based on China's provincial panel data [J]. Growth and Change, 2021, 52 (3): 1761 -1782.

[199] 赵涛，张智，梁上坤. 数字经济、创业活跃度与高质量发展——来自中国城市的经验证据 [J]. 管理世界，2020，36 (10)：65 -76.

[200] 温忠麟，叶宝娟. 中介效应分析：方法和模型发展 [J]. 心理科学进展，2014，22 (5)：731 -745.

[201] Qin W, Chen S, Peng M. Recentadvances in Industrial Internet: insights and challenges [J]. Digital Communications and Networks, 2020, 6 (1): 1 -13.

[202] Miller C, Yoon C. Fostering smallholder investment and innovation through inclusive financial services [J]. Enterprise Development & Microfinance, 2020, 31 (1): 28 -42.

[203] Jiang X, Wang X, Ren J, et al. The Nexusbetween Digital Finance and Economic Development: Evidence from China [J]. Sustainability, 2021, 13 (13): 7289.

[204] Hasan M, Noor T, Gao J, et al. Rural Consumers' Financial Literacy and Access to Fin Tech Services [J]. Journal of the Knowledge Economy, 2022: 1 -25.

[205] Pan Y, Ma L, Wang Y. How and what kind of cities benefit from the development of digital inclusive finance? Evidence from the upgrading of exporting Chinese cities [J]. Economic Research - Ekonomska Istraživanja, 2021: 1 -29.

[206] Su J, Su K, Wang S. Does the Digital Economy Promote Industrial Structural Upgrading? —ATest of Mediating Effects Basedon Heterogeneous Technological Innovation [J]. Sustainability, 2021, 13 (18): 10105.

[207] 葛和平，张立. 数字普惠金融发展对产业结构升级的影响 [J]. 财会月刊，2021 (9)：135 -141.

[208] Hansen BE. Threshold effectsinnon - dynamicpanels: Estimation, testing, and inference [J]. Journal of econometrics, 1999, 93 (2): 345 -368.

[209] Zhou Y. Drawingon the Experience of Zhejiang Provinceto Promote the Development of Rural Tourismin Inner Mongolia [C] //3rd International Sem-

inaron Education Innovation and Economic Management (SEIEM2018). Atlantis Press, 2019: 258-261.

[210] Zhang X, Zhang Z. How do smart villages become a way to achieve sustainable development inruralareas? Smartvillage planning and practices in China [J]. Sustainability, 2020, 12 (24): 10510.

[211] 石玲玲，余秀江，杨威，梁伟森. 数字普惠金融的增收效应与作用机制——基于中国市级面板数据的实证分析 [J]. 金融经济学研究, 2022, 37 (2): 93-104.

[212] Moran PAP. Notes on continuous stochastic phenomena [J]. Biometrika, 1950, 37 (1/2): 17-23.

附录一：乡村振兴的相关政策文件

1. 中共中央，国务院。2018 年 1 月 2 日。《关于实施乡村振兴战略的意见》，http://www.gov.cn/zhengce/2018-02/04/content_5263807.htm。

2. 农业部。2018 年 2 月 19 日。《关于大力实施乡村振兴战略加快推进农业转型升级的意见》，http://www.gov.cn/xinwen/2018-02/19/content_5267621.htm。

3. 中共中央，国务院。2018 年 9 月 26 日。《乡村振兴战略规划（2018—2022）》，http://www.gov.cn/zhengce/2018-09/26/content_5325534.htm。

4. 农业农村部办公厅。2018 年 9 月 30 日。《乡村振兴科技支撑行动实施方案》，http://www.gov.cn/zhengce/zhengceku/2018-12/31/content_5442597.htm。

5. 中共中央，国务院。2019 年 2 月 19 日。《关于坚持农业农村优先发展做好"三农"工作的若干意见》，http://www.gov.cn/zhengce/2019-02/19/content_5366917.htm。

6. 中共中央办公厅，国务院办公厅。2019 年 5 月 16 日。《数字乡村发展战略纲要》，http://www.gov.cn/zhengce/2019-05/16/content_5392269.htm。

7. 国务院。2019 年 6 月 17 日。《关于促进乡村产业振兴的指导意见》，http://www.gov.cn/gongbao/content/2019/content_5407659.htm。

8. 农业农村部，中央网络安全和信息化委员会办公室。2019 年 12 月 25 日。《数字农业农村发展规划（2019—2025 年）》，http://www.gov.cn/zhengce/zhengceku/2020-01/20/content_5470944.htm。

9. 生态环境部办公厅，农业农村部办公厅，国务院扶贫办综合司。2020 年 6 月 9 日。《关于以生态振兴巩固脱贫攻坚成果进一步推进乡村振兴的指导意见（2020—2022 年）》，https://www.mee.gov.cn/xxgk2018/xxgk/xxgk05/

202006/t20200624_785875. html。

10. 农业农村部。2020 年 7 月 9 日。《全国乡村产业发展规划（2020—2025 年）》，http://www. gov. cn/zhengce/zhengceku/2020 - 07/17/content _5527720. htm。

11. 中共中央，国务院。2020 年 12 月 16 日。《关于实现巩固拓展脱贫攻坚成果同乡村振兴有效衔接的意见》，http://www. gov. cn/zhengce/2021 - 03/22/content_5594969. htm。

12. 中共中央，国务院。2021 年 1 月 4 日。《关于全面推进乡村振兴加快农业农村现代化的意见》，http://www. gov. cn/zhengce/2021 - 02/21/content_5588098. htm。

13. 中共中央办公厅，国务院。2021 年 2 月 23 日。《关于加快推进乡村人才振兴的意见》，http://www. gov. cn/zhengce/2021 - 02/23/content _5588496. htm。

14. 第十三届全国人民代表大会常务委员会第二十八次会议。2021 年 4 月 29 日。《中华人民共和国乡村振兴促进法》，http://www. npc. gov. cn/npc/c30834/202104/8777a961929c4757935ed2826ba967fd. shtml。

15. 中共中央，国务院。2022 年 1 月 4 日。《关于做好 2022 年全面推进乡村振兴重点工作的意见》，http://www. gov. cn/zhengce/2022 - 02/22/content_5675035. htm。

附录二：数字普惠金融的相关政策文件

1. 国务院办公厅。2014年4月22日。《关于金融服务“三农”发展的若干意见》，http://www.gov.cn/zhengce/content/2014-04/22/content_8771.htm。

2. 国务院。2016年1月15日。《关于印发推进普惠金融发展规划（2016—2020年）》，http://www.gov.cn/zhengce/content/2016-01/15/content_10602.htm。

3. 财政部。2016年6月29日。《普惠金融发展专项资金管理办法》，http://www.gov.cn/gongbao/content/2017/content_5203631.htm。

4. G20普惠金融全球合作伙伴（GPFI）。2016年9月4日。《G20数字普惠金融高级原则》，http://www.pbc.gov.cn/goutongjiaoliu/113456/113469/3142307/2016091419074418496.pdf。

5. 国务院办公厅。2016年11月29日。《关于支持返乡下乡人员创业创新促进农村一二三产业融合发展的意见》，http://www.gov.cn/zhengce/content/2016-11/29/content_5139457.htm。

6. 国务院办公厅。2017年2月17日。《关于创新农村基础设施投融资体制机制的指导意见》，http://www.gov.cn/zhengce/content/2017-02/17/content_5168733.htm。

7. 中国人民银行。2017年10月3日。《决定对普惠金融实施定向降准政策的通知》，http://www.gov.cn/xinwen/201710/5229404.htm。

8. 人民银行，银保监会，证监会，发展改革委，财政部。2018年6月23日。《关于进一步深化小微企业金融服务的意见》，http://www.gov.cn/gongbao/content/2018/content_5341406.htm。

9. 国务院办公厅。2019年1月22日。《关于有效发挥政府性融资担保基金作用切实支持小微企业和“三农”发展的指导意见》，http://www.gov.cn/gongbao/content/2019/content_5368522.htm。

10. 人民银行、银保监会、证监会、财政部、农业农村部。2019 年 1 月 29 日。《关于金融服务乡村振兴的指导意见》，http://www. gov. cn/xinwen/2019 - 02/11/content_5364842. htm。

11. 中共中央办公厅，国务院办公厅。2019 年 2 月 21 日。《关于促进小农户和现代农业发展有机衔接的意见》，http://www. gov. cn/zhengce/2019 - 02/21/content_5367487. htm。

12. 中国人民银行，中央农办，农业农村部，财政部，银保监会，证监会。2021 年 5 月 18 日。《关于金融支持新型农业经营主体发展的意见》，http://www. gov. cn/zhengce/zhengceku/2021 - 05/25/content_5611723. htm。

后　　记

本专著是福建农林大学2021年度福建普惠金融研究院一般项目《数字普惠金融助力乡村振兴的机制研究》的研究成果，在研究和写作的过程中得到了许多单位和个人的关心和支持，在此，向他们致以诚挚的谢意。

首先，感谢福建普惠金融研究院的立项、福建农林大学经济与管理学院一流师资队伍建设项目的资助以及福建农林大学经济与管理学院领导给予宽松的工作环境和对本人学术研究的大力支持。

其次，我要真诚感谢参与写作的各位硕士研究生，参与本课题的研究生如下：温磊、宋敏丽、林云舟、邓星湖、陆文颖、江曼瑶、卢颖、陈芯宜等。特别要提到的是我的硕士研究生温磊同学作为本课题的主要参与者，积极主动地参与课题研究，在学术研究方面得到了较大的提升与锻炼。

再次，我还要感谢中国财政经济出版社对本专著提出的宝贵修改意见和对本专著出版给予的大力支持。需要特别说明的是，专著中的疏漏与错误概由编者承担，恳请广大读者批评指正。

最后，还要深深感谢我的家人这些年来给予我无私的爱、永远的支持和理解。

谨以本书献给所有关心和支持我的人们，以此表达我内心诚挚的谢意！

张瑞琛

2022年8月20日于福州金山